JN238861

戦略PRの本質

実践のための5つの視点

株式会社電通パブリックリレーションズ
ＰＲプランナー
井口理

朝日新聞出版

戦略ＰＲの本質

実践のための5つの視点

井口理
株式会社電通パブリックリレーションズ
ＰＲプランナー

はじめに

「戦略ＰＲ」という言葉が流行って久しいですが、実際に「戦略ＰＲ」を活用し、成果を上げている企業はどのくらいあるのでしょう。さらに言えば、「戦略ＰＲ」を実務の中で経験した方はどのくらいいらっしゃるのでしょうか。私の現場的な感覚からすれば、これを実践している企業、体験された方はまだまだ稀だと言えるでしょう。

そもそも「戦略ＰＲ」とは何なのでしょうか？　これまでのＰＲには戦略そのものがなかったのでしょうか？　そんなことはありません。英語で「Strategic PR」と表記すると、外国のＰＲ業界の方々は「？？？」な反応をします。本来、ＰＲとは、しっかりとした戦略を根底に持って行うべきものであり、今さら「戦略」とつけるのは違和感があるわけです。つまり、日本においては本当の意味で「ＰＲ活動の戦略」が練られていなかったために、敢えて「戦略ＰＲ」という言葉が生まれてきたのだと思います。

昨今、「戦略ＰＲ」を唱える人が増え、その定義も諸説ありますが、私にとっての「戦略ＰＲ」とは、次のようなことだと思います。

生活者に「自分ゴト化」を引き起こす「ストーリー」を構築し、広告を含む様々なコミュニケーション施策を融合させてその「ストーリー」を伝えることで、生活者の意識変化・態度変容・エンゲージメント（共感の構築・強化）を生み出す仕組み。

海外では、このような考え方を取り入れたキャンペーンへの取り組みが多数あり、私が2012年、カンヌライオンズのPR部門の審査員として参加した時にも、数多くの好事例と出合うことができました。

そこで本書では、カンヌライオンズ2012の受賞作品をはじめとする国内外の様々な事例を交えながら、「戦略PR」の本質に迫ってみたいと思います。少しでもそのエッセンスを感じていただけたら幸いです。

目次

4 ソーシャル・メディアへの対処法

1

「ＰＲ」の理想的なポジションとは？

「PR＝でき上がった広告のオマケ」という時代ではない

みなさんが思い浮かべる「PR」とは、どのようなものでしょうか。生活者にとって最も身近なPRと言えば、「自己PR」という言葉かもしれませんね。この言葉には「自身を売り込む」というイメージが定着しており、「PR＝宣伝すること」と捉えている人も少なくないと思います。

もちろんこれはまったくの間違いとは言えませんが、本来PRとは「Public Relations」の略称。PRの定義も諸説ありますが、2012年の3月にアメリカのPR協会(Public Relations Society of America)がPRの新しい定義を発表しましたので、その和訳を私なりに解釈したものをここでご紹介しましょう。

PRとは「企業・団体等が、ステークホルダーや社会（パブリック）と、相互に好ましい関係を構築・維持するための戦略的なコミュニケーションのプロセス」です。企業であれば、生活者をはじめ、取引先、従業員、株主、政府、地域コミュニティなどとの良好なコミュニケーションをとることがその目的となります。

しかし実際には、企業の広報部では、企業広報、すなわちコーポレート・コミュニケーション領域中心の活動を行っている企業が多く、こと商品やサービスといったマーケティング・コミュニケーションにおける取り組みはというと、宣伝部や事業部任せになっていると言っても過言ではありません。

本来、コーポレート・コミュニケーションとマーケティング・コミュニケーションは連動していくべきものです。企業そのものを生活者、ひいては社会全体に印象づけることはもちろん重要ですが、企業と生活者における接点の最前線にあるのは、「商品」や「サービス」。その商品やサービスがコモディティ化し、明確な差別化が図れなくなっている今、「企業」と「商品・サービス」を関連づけて生活者に認識してもらい、企業全体のファンを増やしていくことは、必要不可欠と言えるでしょう。

こうした連動的な取り組みは、海外ではよく行われているのですが、日本ではまだまだと言わざるを得ません。中には、「商品やサービスが（たとえ短期間でも）売れてくれさえすればいい」「社名など思い出してもらえなくても、商品名さえ覚えてもらえればいい」という企業も多いようです。

しかし、大規模な予算を投下した広告活動によって商品名を覚えてもらい、さらにそれが購買につながるのであれば良いかもしれませんが、そのような予算規模を持つ企業は限られています。また、仮にそのような予算が獲得できるのであれば、その企業を代表する特徴的な商品が開発できた時にこそ、自社の存在をしっかりと生活者に根づかせるために活用すべきなのです。

ここで、PRの定義に話を戻しましょう。今でも、企業におけるPRとは、そのほとんどが「パブリシティ」の意味で使われていると思います。PRそのものの大きな定義は、先の自己PRと同様、「自社のアピール活動」として理解されており、現場における狭義の意味では「パブリシティ=記事・報道露出」の域を出ません。つまり、記事化や報道といったメディアでの露出がPRそのものだと思われがちですが、これは大きな間違いです。パブリシティは、CMと同様、コミュニケーション施策の1つの手法でしかありません。

本来PRとは、より上位概念で存在すべきものです。PRという活動を通じ、生活者の視点を把握し、企業メッセージにフィードバックする——つまり、CMやパブリシティ、Web、イベント、店頭等において、それぞれどのようなメッセージを発していくのかをプランニングする、また、その反応を見て次回に活かしていく循環型コミュニケーションを俯瞰すべきなのがPRなのです。それを手掛けるPRパーソンは、言わば、コミュニケーション戦略立案のコンサルタントであるべきなのです。

もちろん、これまでも広告のオマケとしてではなく、広告でカバーしきれない領域をパブリシティというソリューションレベルで連携した事例は存在していました。広告は主に認知を稼ぐ施策であり、そのインパクトなどにこだわり、社会や生活者の記憶に残す役割です。

一方、PR（パブリシティ）は、広告では表現しきれないより詳細な情報を伝える役割であり、またメディアを通じて、客観性のある情報として生活者の信頼感を醸成する役割だと言われてきました。そして両者がそれぞれの役割を発揮しながら（役割分担をしながら）、連携していこうという考え方です。

また、「戦略PR」が話題になった際、広く言われていたのが「広告投下の前に、PRで情報発信し『空気づくり』をしておく」ということです。つまり、広告とPR

理想的な PR のポジション

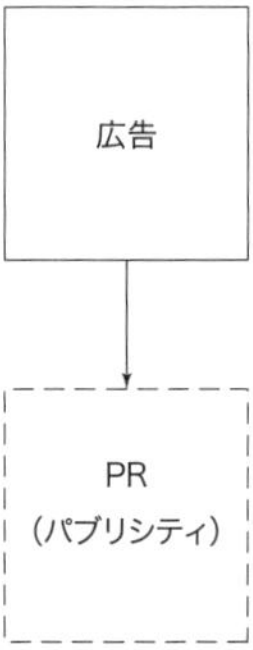

現在の日本における PR のポジション

PR は狭義の意味である「パブリシティ」として捉えられており、広告の付属的なポジション

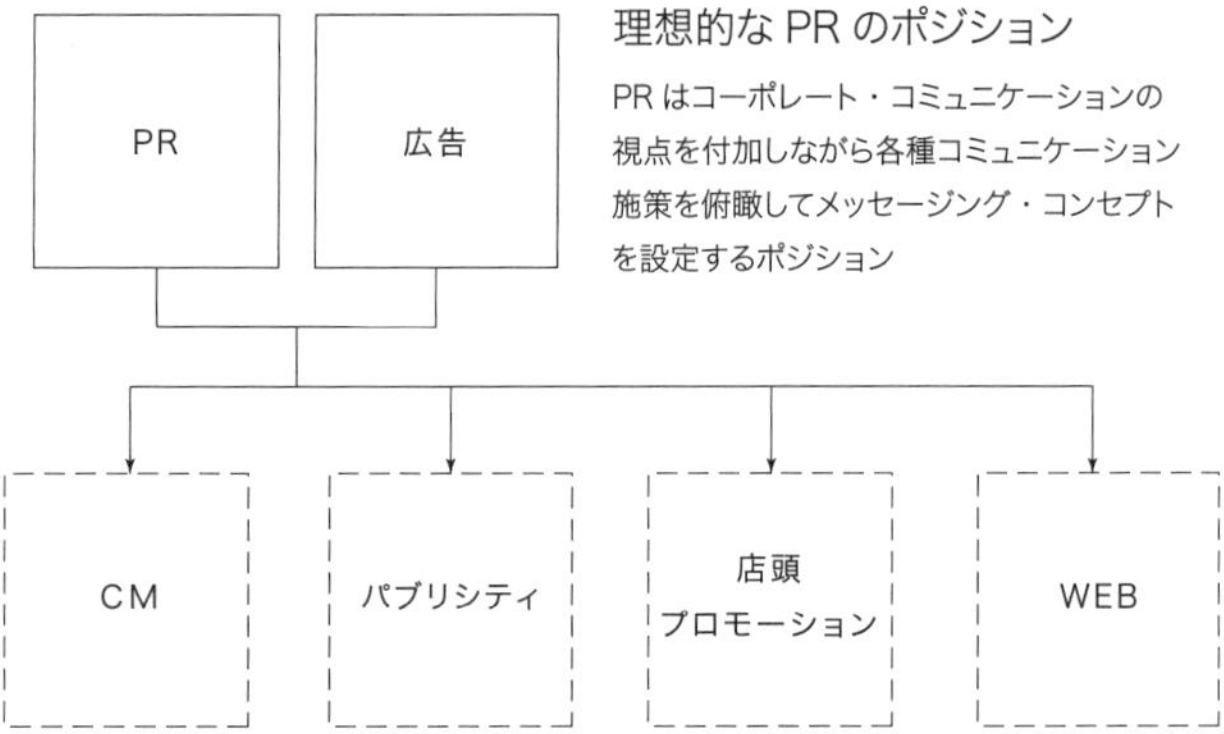

理想的な PR のポジション

PR はコーポレート・コミュニケーションの視点を付加しながら各種コミュニケーション施策を俯瞰してメッセージング・コンセプトを設定するポジション

は、タイミングにおける役割分担をすべき、という考え方です。このことから、実に多くの宣伝担当者の方々から「広告を打つ前にやるのが戦略ＰＲだから、広告前に全部終わるんだよね？」とよく聞かれました。また、キャンペーン中盤に広告連動のＰＲプランを出すと、「これはいわゆる戦略ＰＲではないんだよね？」という質問もよく受けました。

でも、違うんです。

戦略ＰＲとは「広告やその他の施策におけるメッセージやタイミングを含め、よりマクロ的に連動を図っていくことにより、生活者の関心や理解度を上げていく仕組み」だと考えてください。そうすれば、少し見え方が変わってくるはずです。

また、これまでのＰＲや「戦略ＰＲ」に対する誤解を払拭することによって、ＰＲの本質（理想的なポジション）が自ずと見えてくるでしょう。

世界におけるPRのポジション

2012年6月、私はカンヌライオンズ2012の審査員としてフランスに派遣されました。正式には「カンヌライオンズ国際クリエイティビティ・フェスティバル」と呼ばれるこのイベントは、1954年に始まった広告の祭典です。世界の広告賞では、カンヌ、ワンショウ、クリオが3大アワードとして認知されていますが、中でもカンヌは最も歴史が古く、また最も権威の高い広告賞と言えます。正直なところ、PRを生業とする私には少し距離のある存在だったのですが、2009年にPR部門が創設されたことで、一気に「自分ゴト化」しました。また、アジア太平洋地域を対象にした広告賞「スパイクス・アジア」でも2011年からPR部門が創設されるなど、広告業界におけるPR領域への関心は高まっているようです。

このカンヌライオンズのPR部門への日本人審査員の派遣は私で3人目となりますが、実はこれまでは広告会社から派遣されていました。しかし、2012年からは日

カンヌライオンズ 2012
PR 部門の審査の模様。

カンヌライオンズ 2012 授賞式。

本も他国と同様に「ＰＲ専門会社」から審査員の派遣が望まれたと言います。なぜなのでしょうか。

理由は至ってシンプル。結局、広告畑とＰＲ畑の目線には、かなりの隔たりがあるということなのです。似て非なるＰＲと広告ではありますが、かくも視点が異なるのはなぜなのか。各国の審査員の目線、審査委員長の評価基準等、審査の模様をお伝えしつつ、ここではその問いに答えてみたいと思います。

※「カンヌライオンズ 国際クリエイティビティ・フェスティバル」：
１９５４年、劇場ＣＭ会社の業界団体「Screen Advertising World Association」によって劇場ＣＭの振興のために創設された。毎年6月、フランスのカンヌで1週間にわたって開催される世界最大規模の広告の祭典で、約1万人の参加者と3万点以上の応募がある、世界3大広告賞の中でも抜群の知名度とプレステージの高さを誇る。カンヌライオンズの特徴の1つとして挙げられるのが充実したセミナー。開催期間中、数十の最先端企業によるセミナーが朝から夕方まで催されている。

※「スパイクス・アジア」：
アジア太平洋地域における広告クリエイティブ発揮の場、アイデア交流の場として２００９年に創設された広告賞。毎年9月にシンガポールで開催されており、カンヌライオンズの前哨戦とも言われている。

カンヌライオンズに見たPRのトレンド

２０１２年のＰＲ部門へのエントリー数は１１３０件で、前年比１３８％と急増しています。その伸長率はどの部門よりも高く、ここでもＰＲへの注目度が高いことがわかります。

賞は部門ごとに、グランプリ、ゴールド、シルバー、ブロンズの４段階。そしてＰＲ部門においてアワードを獲得したのは、69エントリーでした（確率にしてエントリー全体の６％程度ということになります）。その中でもゴールド以上（グランプリ含む）は、重複受賞含めて21エントリーとなり、そのうち、社会問題を背景に取り組まれたものは半分以上もありました。

もともとＰＲは、「企業とステークホルダーをつなぐ」だけでなく、「社会と生活者をつなぐ」という役割で広く活用されてきたので、社会的な課題をテーマとしたＰＲは高い評価を得やすいと言えるでしょう。

それにしてもこの数字は、例年以上に多かったと言えます。

実は2012年のカンヌライオンズでは、PR部門に限らず、社会的課題に取り組んだ作品が様々な部門でグランプリを獲っています。

例えば、ダイレクト部門とプロモ&アクティベーション部門でダブルグランプリ、PR部門でブロンズを獲得したアメリカン・エキスプレスの「Small Business Gets an Official Day」。これは、カード会社大手のアメリカン・エキスプレスが大規模チェーン店に押され、経営難に陥った全米の中小小売店の活性化を狙い仕掛けたキャンペーンです。

11月の感謝祭の直後の土曜日を「小さい商店で買い物をする日（Small Business Saturday）」と定め、Facebook や YouTube を活用するセールスツールの無償提供や、賛同したカード会員へのキャッシュバックなど、小売店が単体では取り組めないことを丸ごと支援し、草の根的な応援活動を生活者の中に生み出すことで、実際に中小小売店における売り上げ促進を果たしました。2010年から継続するキャンペーンで、2年目にして米国議会から公認日として認定され、オバマ大統領もこれを応援するま

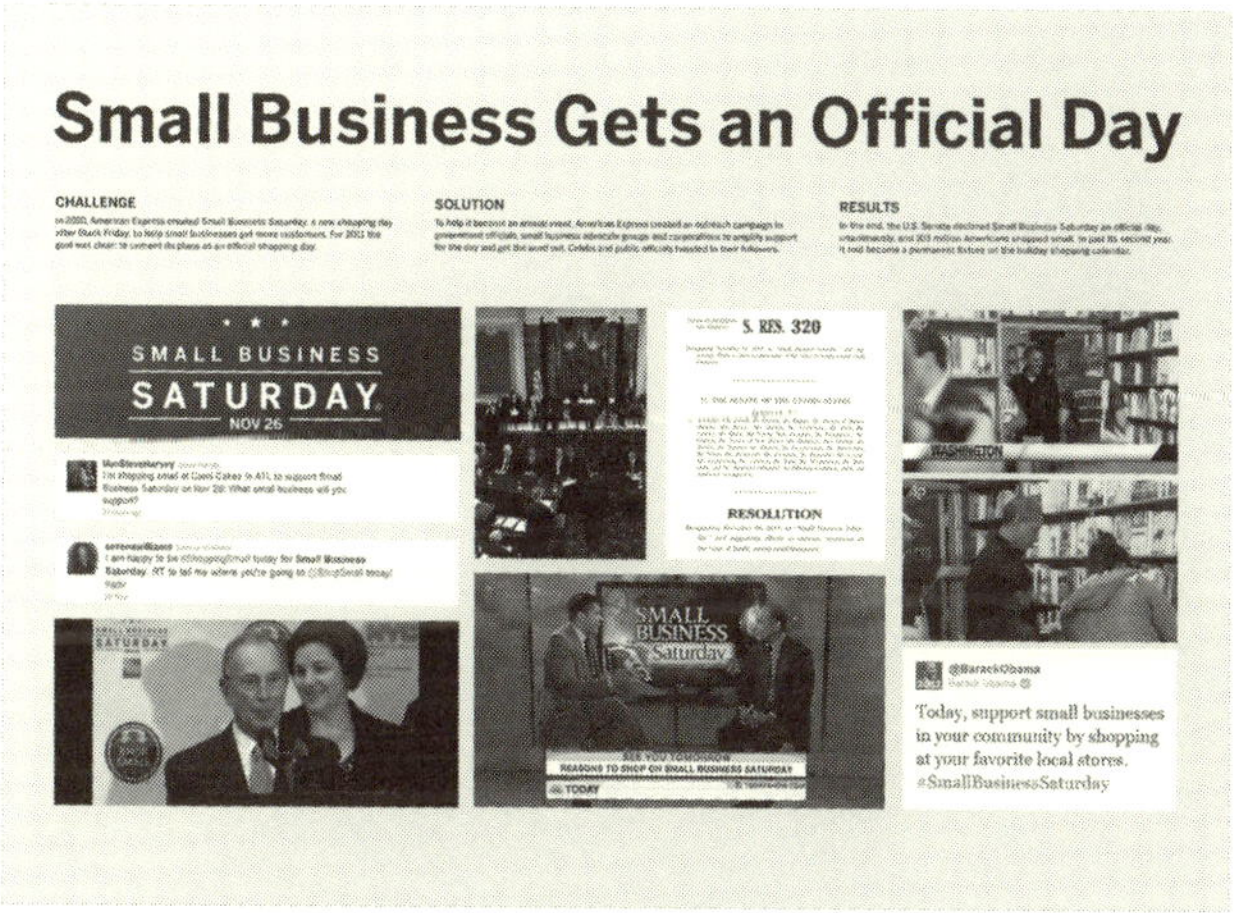

カンヌライオンズ 2012 の審査用に提出されたアメリカン・エキスプレス「Small Business Gets an Official Day」のプレゼンテーションボード。キャンペーン内容が1枚にまとめられている。

カンヌライオンズ 2012 に提出された 2 分間のキャンペーン映像。オバマ大統領も自ら地元の書店で買い物するなど、国家的な広がりをみせたことがわかる。

でになりました。

この活動は、アメリカの生活者の意識に「そういう日」を定着させたという成果の大きさはもちろんのこと、その根底にある「中小規模商店の経営危機」、日本で言えば「シャッター商店街を救え！」といった社会的課題を起点とし、「アメックスに何ができるのか」を真摯に考え取り組んだもので、商店街に、そしてアメリカ全体に元気を与える施策だったと言えます。こうした誰もが共感しやすい背景に対する取り組みは、審査員の出身国に関係なく、「社会に対して良いことをしてるね！」という評価を得られやすいですよね。

また、カンヌライオンズで最も注目を集めるフィルム部門でも、社会的な視点で展開した作品がグランプリを受賞しました。同部門は、社会的な背景や持続性などよりも、作品のクオリティを評価するのがこれまでの慣例だったそうです。２０１１年のグランプリは、制作費20億円以上をかけて一流サッカー選手たちを多数登場させ、圧倒的な規模感を見せつけたナイキの「Write the Future」でしたから、その審査基準は言わずもがなと言えるでしょう。

ところが、そのフィルム部門で大どんでん返しがあったのです。グランプリが決まりかけていた審査過程の終盤に「我々がグランプリとして世界に提示するべき作品とは何なのか?」と審査委員長が問いかけると議論が再燃。最終的にアメリカのメキシカン・ファストフード、チポートレの「Back to the Start」がグランプリとなりました。

この作品は、食品業界の行き過ぎた工業的生産ラインをもう一度見直そうという企業姿勢を表現したもので、CMのみならず、実に様々な取り組みが融合的になされており、フィルム部門だけでなく、ブランデッドコンテンツ&エンターテインメント部門でもグランプリを獲得しました。

キャンペーンは、チポートレが、オーガニック食材への回帰を宣言したことを起点としており、その展開は確かに見事でした。まずこの姿勢を宣言する2分間の映像を制作。サスティナブルな農場への回帰の様子を、パペットを使ったアニメ調で表現し、BGMにはコールドプレイの「The Scientist」を採用。カントリーミュージックの大御所であるウィリー・ネルソンがこれを歌い、同時にiTunesでも販売するというものです。そして、楽曲の収益金は「チポートレ」が設立した「サスティナブルな畜産業とファミリー農業を支援する基金」に寄贈されるという仕組み。

そう、決して自社のみのために使うわけではなく、業界全体が抱える問題に対して取り組むための基金としたわけです。さらに、この基金は外部の様々なＮＰＯなどとも連動し、さらなるネットワーク拡大も果たしています。この姿勢が生活者の大きな賛同を得たことにより、なんと競合他社も食材の仕入れを自然派に再構築させるなどの潮流を生み出すという成果まで上げました。まさに、社会の課題解決に向けて取り組むトレンドリーダーとしてのポジションをも同時に手に入れたと言えるでしょう。

食の安心・安全に対する社会的関心をベースに、自然派食材への回帰という企業の今後の姿勢を語ったこの作品が、最後の最後にグランプリを勝ち獲ったわけです。もちろん、純粋に面白い、楽しめる、といった作品がグランプリを獲った部門もありますが、メインどころであるフィルム部門でこのような議論が発生したのは非常に興味深く、広告のクリエイターたちにも多くの驚きを与えたと思います。

このように「社会的視点」を持って展開された各種キャンペーンが、それぞれ大きな評価を得ているのが、２０１２年カンヌライオンズの最大の特徴と言えるでしょう。

世界のPR業界リーダーたちの評価基準とは？

このように議論を重ねて受賞作品を選ぶ審査員ですが、ここではPR部門の審査員について、少し触れておきましょう。

２０１２年は世界から21名が同部門の審査員として集いました。その顔触れはというと、20年以上ＰＲフィールドで活躍されているベテランばかり。加えて肩書きは、ＣＥＯ、ＣＣＯ（チーフ・クリエイティブ・オフィサー）、ファウンダーといったトップ層が大半です。無論、各自がＰＲについては「一家言あり！」ということで、「ＰＲとは？」という議論がそこかしこで絶え間なく続いていました。

その中で収斂《しゅうれん》された評価の指針が、「具体的な成果（＝Results）を見ていこう」というもの。先にも書きましたが、「ＰＲ≠パブリシティ」ということで、その露出量や広告換算値などはいくらアピールしてもあまり評価には響きません。要は、そのＰＲキャンペーンを通じて最終的に企業活動としてどのような成果を獲得できたのか、

カンヌライオンズPR部門の審査基準

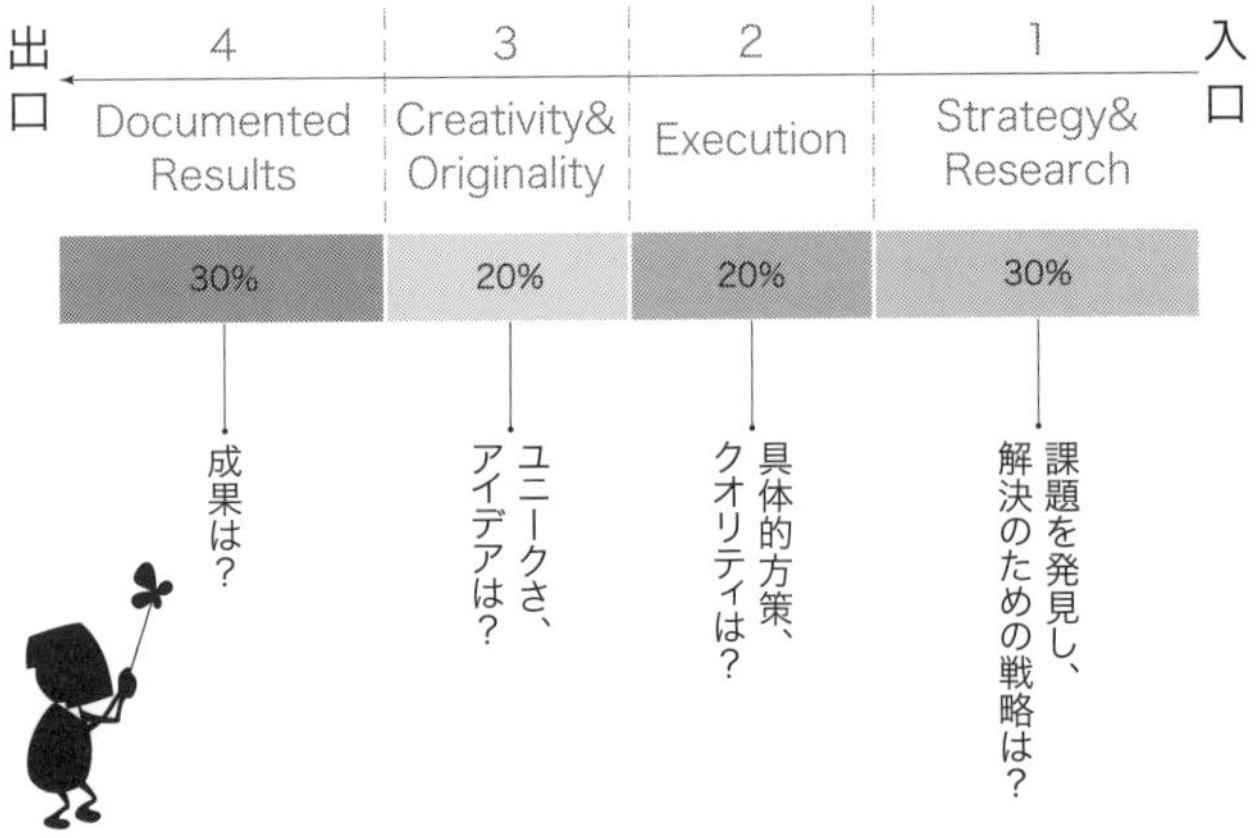

に注目すべきということなのです。

カンヌライオンズ全体について言えば、斬新さやユーモアなど、そのアイデア性に評価が集中しやすいと言えなくもないのですが、ことPRに関して言えば、若干、状況が違うと言えるでしょう。

ちなみにPR部門の審査基準は、

①Strategy & Research
②Execution
③Creativity & Originality
④Documented Results の４つ。

①何を課題として発見し、それを解決するための戦略は何か？

②それを実現するための具体的方策は何か？　実施のクオリティはどうだったか？

③これまでにないユニークさ、なるほどと思わせるアイデアがあったかどうか？
④具体的な成果はあるのか？

ということです。①～④に対するそれぞれの比重は、30％：20％：20％：30％というもの。ＰＲ部門では特に入口と出口に比重が置かれており、その一気通貫性が非常に重要です。

ところが、事前審査の段階では審査員の評価が様々に議論されており、一部、アイデアを極端に重視する意見もありました。そのため、「ＰＲ部門といえども、結局アイデアで評価が決まるのかな？」と思っていましたが、結果的にはＰＲの基本的評価に帰着した感があったように思います。

アワードを獲得したエントリーはどれもビジネス成果を達成

では、具体的な成果とは何なのでしょうか？

現在、日本におけるＰＲ活動の評価で、最も汎用されているのは「広告換算値」です。〝パブリシティ〟によって獲得された露出を広告費用に置き換えたらいくらになるのかが、その評価基準となっているのです。これは、PR活動の目的をターゲットへの情報リーチに置いているからでしょう。

この場合、その目的は広告と重なってしまいます。つまりリーチのみのROI（費用対効果）で評価されることになります。よってPRが「広告よりも安くそのリーチを達成できた」といった本来と違うモノサシが重視され、場合によっては「PRは広告よりもコストパフォーマンスがいいよね」といった結論に陥ることになるのです。

ただ一方で、そのわかりやすさから、いまだその広告換算値という評価軸を抜け出せないという環境があるのは事実です。カンヌライオンズのエントリーサマリーにも「類稀なるメディア露出」「驚愕《きょうがく》のROI」「メディア予算はゼロ」などの表記が羅列されます。これは審査員にとっては自己満足にしか感じられず、見るのも苦痛。「だからどうした？」というのが審査員一同の感想でした。

今、PRの効果指標はこれまでの「広告換算値」から、徐々に「リアル・リザルツ（具体的成果）」に移行しています。つまり、いかに話題化したか、だけでなく、「実際にモノはどれだけ売れたのか」「企業レピュテーションはどのくらいアップしたのか」といったことが問われるわけです。したがって、具体的な数字がデータとして示されていなければなりません。しかし、その成果がPRのみで達成されたものなのかどうか、完全に明確化できないため、なかなかPR単独での効果検証ができないわけです。もし、そのような新しい成果指標をつくり出すことができれば、広告換算一辺倒の呪《じゅ》縛《ばく》から抜け出すことが可能になると思います。

広告換算値とは別の指標を模索した取り組みとして、最近では、PRキャンペーン前後に、数千人のモニターを用意し、広告やPR、その他を経由して発信された情報にどの程度日常的に接触し、またそれが実際の購買に結びついたかなどを調査していく取り組みも始められています。数ヶ月に及ぶこの調査はかなり手間と費用がかかりますが、戦略PRを本格採用する前にその効果を明らかにしておきたいとする多くの企業が、この調査を行っています。実際、私が担当させていただいたある企業の調査結果によると、「CMのみの認知者」に比べ、「CMとPRによって得た情報を共に認知した生活者」の来店意向率は3倍、購買検討率においては4倍という数値が出ました。

このように実際の購買に結びつく、あるいは意識調査においてレピュテーションがアップするなど、まさに具体的な数値をいかに獲得できるかが問われる時代となっています。

話題化の先の「意識変化・態度変容、そしてエンゲージメント」へ

ＰＲは、よく話題化のみの打ち上げ花火的な施策に思われがちです。例えば施設のオープン、あるいは新商品発表時のタレントを起用した発表会の実施など、何かしらのスタート時にＰＲというものがかかわるイメージが強いからなのかもしれません。

また、「戦略ＰＲ」が話題になり、広告投下前の事前の空気づくりのみが、あたかも「戦略ＰＲ」であるかのように語られてしまったことも、その理由でしょう。もちろんそういう役割を担う場合もありますが、それがすべてではありません。発信する情報に対する「生活者における受容度を高める」ということが、「戦略ＰＲ」の本来の役割なのだと私は思います。

つまり、一連の広告、その他の情報発信と連動したPR活動を通じて、生活者の理解度・納得度を高め、「意識変化」「態度変容」、そして「エンゲージメント」まで昇華させていくのが「戦略PR」というものです。単なる注意喚起ではなく、情報接触から購買行動までの生活者の心の変遷を事細かに想像しながら情報発信を計画していく時にこそ、我々の知見が最大限に活かされるのです。また、それがスムーズにいかなかった時のことも想定し、PR活動の成果を継続的にトレースしながら、その時々で施策を変えていくという臨機応変さもPRならではの醍醐味です。

しかし、このようなPRの特性に慣れない情報発信者（クライアント）は、いわば「予測不能」とも言える領域へはなかなか踏み込んでいけません。どうしても躊躇してしまうようです。予算が豊富にあるならば、その効果は別として、「伝えたいメッセージを、（クライアント自身が）選択したメディアでプラン通りに発信できる」という広告の方が安心できるというわけです。

しかし、巷で言われている「戦略PR」の成功事例は、「大量に広告を投下する予算がないがどうしたらいいか」と考え抜いた末に、PRに行き着いたというケースが多いと、よく耳にします。要は、「お金があると広告」というわかりやすい手法に頼りがちになってしまうということなのです。

大量のリーチを可能とする広告の強みに重きを置く選択肢もありますが、予算の大小にかかわらず、いかに生活者に受け入れられる情報創出に知恵を絞るかが重要なのです。それこそが最終的な成果を生み出すポイントではないでしょうか。

もちろん、ここで言う「広告の方が安心」という気持ちも理解できます。企業という組織の中でその結果に対する説明責任を負う担当者からすれば、不確実性を持つPRに取り組むことには非常に不安もあるでしょう。担当者は、最終的なプロジェクトの成功を課されているわけで、少しでも不安要素の少ない方法を選択したくなるのは自明の理です。しかし、成功事例として知られるキャンペーンは、どれもその新たな領域にチャレンジした結果だと思います。そのチャレンジこそが生活者の意識変化・態度変容、そしてエンゲージメントを導き出すのです。

2

世界の
ＰＲの潮流

今ある社会課題を入口にした文脈づくり

☒最大公約数での共感づくり＝「あるある」の共感

2012年のカンヌライオンズでは、社会的課題に対するエントリーへの評価が高かったということを前章で申し上げました。どの国においても、社会的課題については生活者全般が高い関心を持ち、またある種、共通の問題意識を持っています。すなわち、その訴えかけに対して共感し、即座に「自分ゴト化」できるということです。このようにスタート時から生活者の一定の支持を得られそうな「共通の入口」を見つけていくことが大切だと思います。これにより、多くの生活者の「そういうことってあるある！」という気持ちを生み出すことが可能となるのです。

実際にソーシャル・メディアを見ていると、生活者は共感によるつながりを最重要視しています。「Facebook の「いいね！」ボタンはまさにその典型です。発信された内容に少しでも共感すれば、「いいね！」ボタンをクリックすることで簡単にその意思を伝えることができ、「同様の価値観を持っているよ」という投げかけができるわけです。またこのことによって、お互いの関係を円滑に保持、さらに強化しているのだと思います。

生活者は各々の考え方を持ちつつも、その根底には重なる部分があるはずで、その重なり合った領域についての話題には共感が生まれやすいでしょう。つまり、多くの人が関心を持っている社会的な問題などについては「いいね！」がしやすいわけです。

これは生活者同士の関係にとどまらず、企業と生活者においても同様です。企業が通常行う様々な情報発信に対して、「共感できるか、できないか」が、企業と生活者の距離感に大きな影響を持つのです。

既に大きな差異を持たなくなった各社製品の中から、生活者が「その1つ」を選び出す際、この企業への共感は大きくものを言います。

重要なのは、生活者にとってわかりやすい情報発信を心がけること。「独りよがり」な、「自分の都合でしかない」、「一部の人にしかわからない」情報というのは不親切であるどころか、生活者の「選択」の土俵にすら上がりません。各商品・サービスを、どう紐解けば理解促進につながるのか、共感を得ることができるのか、ということを常に心がけるべきなのです。その入口の工夫に際限はありません。

また、そのためには、業界慣例的な考え方を押しつけることは絶対に避けなければいけません。あくまで生活者の立場に立って、どのような表現をすればわかりやすいのか、琴線《きんせん》に触れるのか、そういうきめ細やかな取り組みが今後ますます必要となってきます。そして、こうした取り組みの積み重ねによってこそ、企業のファンは増えていくのです。

ダイアローグを生み出す機会提供

☒当たり前のことを話題化する

「関心を持ってもらう」「共感してもらう」ための取り組みの後に、もう一歩踏み込みたい領域があります。それは、「語ってもらうきっかけづくり」です。

発信した情報に対し、生活者が単独で共感をしてくれるところまでこぎつけられたのなら、次はその生活者が発信者となり、その他の人にも情報をシェアしてほしいですよね。そのためには、共感した人が他人に「語りたくなる」仕掛けが必要です。「この話題は誰かに教えておかなければ」「これは誰かと議論してみたい」という心境にさせる、つまり「誰かと会話をしたくなる」状況をつくり上げるのです。これをどう設計するか、さらにはその情報にどう接触させるか、といったことも重要となってくるはずです。「驚きと共に」「ユニークな場所で」その情報に触れることで、より語りたい意識が高まることもあるでしょう。

我々が留意したいのは、いかに会話を活性化させるかです。「〇〇って知ってる？おいしいらしいよ！」「へぇ、そうなんだ」では、一往復の会話しか生まれません。その情報の背景にどのようなきっかけがあり、それがどういう理由で展開し、そうした結果となったのか、といった「ストーリー」が付加されることで、生活者同士のやりとりは飛躍的に増え、また広がるはずです。そのストーリーを生み出すことも、情報拡散の仕掛けを考えることも、戦略ＰＲの設計の１つです。これについて、カンヌライオンズ2012の事例からいくつかエッセンスを抜き出してみましょう。

ダイムラー社がゼロ・エミッション（排ガスがゼロ）の水素燃料による自動車を開発しました。現代の技術では「当たり前」と思われがちなこの特徴を、大きなインパクトをもって伝えるべく計画されたのがアウトドア部門でグランプリ、PR部門でシルバーなどを受賞した「見えないクルマ」プロジェクトです。

光学システムを使い、クルマの片側に取りつけられたカメラで捉えた風景を、クルマの逆側を覆うLEDシートに映し出し、あたかもそのクルマが「透明で存在しないように」見せることで、「排ガスを出さないクルマ＝環境にとって負荷がなく、存在しないもの（見えないもの）」としてアピールしたのです。この仕組みによる「モノの透明化」自体は、最先端というほどの技術ではありません。しかし、ゼロ・エミッションを伝えるために、この技術を使ったアイデアは注目に値するでしょう。

また、アウトドアでの走行イベントによって、生活者に驚きをもって気づきを与えるだけでなく、「なぜこのようなことをしているのか？」を口コミで語らせるきっかけをつくり出すことにも成功しました。商品のPRにとどまらず、企業が考える商品の在り方を生活者に巧妙に伝えるという試みは、日本ではなかなか見られないケース

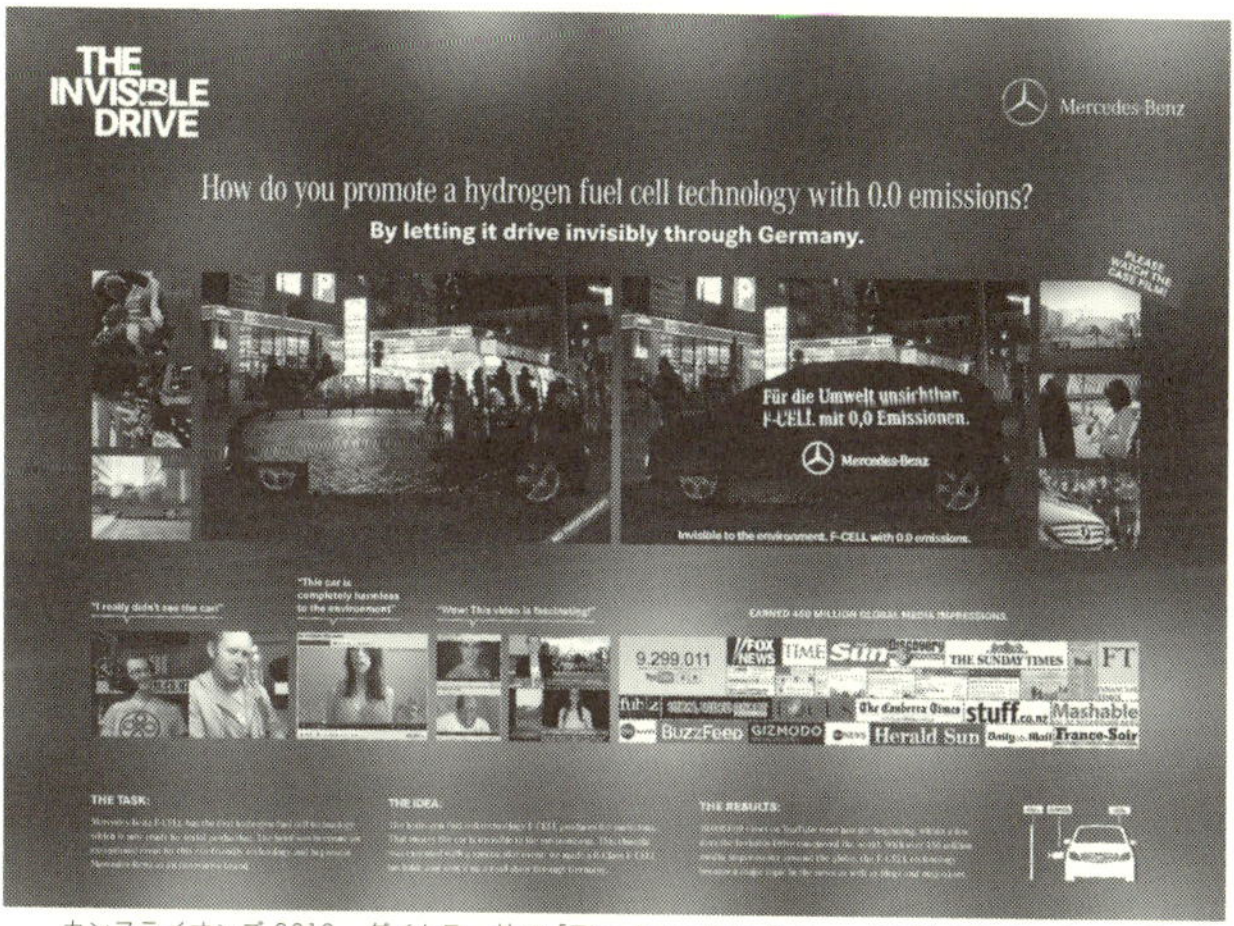

カンヌライオンズ 2012、ダイムラー社の「The Invisible Drive」のプレゼンテーションボード。

カンヌライオンズ 2012 に提出されたビデオより。
車のボディに子どもが映り込み、一見車が存在しないように見える。

だと思います。

やわらかなつながりの連続が強いエンゲージメントをつくる

☒芯を持った継続的な接触でこそ、つながりは生まれる

企業と生活者とのエンゲージメントが、決して一朝一夕に生み出せるものではないということは周知の通りで、これは継続的な活動の中で獲得していくものでしょう。もちろん、その活動の中で常に大きなイベントがなければいけないというわけではありません。小さなことでも、「よく考えているなぁ」と生活者が思わず感心するようなことを行っていけば、それは確実にターゲットに浸透していくはずです。そうした意味では、中長期で徐々に理解度、共感度を上げていく継続的なPRが、まさにこの役割を担うはずです。

そして、一度エンゲージメントが構築された生活者は、彼ら自身がロイヤル・カス

タマーとしてポジティブな情報発信のハブになってくれます。これほどまでに説得力のある第三者発信があるでしょうか。ロイヤル・カスタマーの囲い込みは、まさに今後企業が最も注力すべき領域です。

カンヌライオンズ２０１２のＰＲ部門の中で地味には見えましたが、数多くの審査員が賞賛し、ゴールドを受賞したのは、オーストラリアのスーツ・メーカー、M. J. Bale によるファン獲得のためのキャンペーン、「Grazed on Greatness」（偉大なる芝を食む）です。

オーストラリアではクリケットは非常に人気のあるスポーツ。M. J. Bale は、そのナショナルチームのスポンサーでしたが、契約条件から、スタジアムにも選手のユニフォームにも、社名を掲示することができませんでした。なんとかファンたちに同社がスポンサーであるという事実を知ってもらいたいと考え、あるユニークなやり方でチームの選手たちの支援を始めました。

同社はまず、チームがこれまで最も多くの勝利をあげてきたスタジアムの芝を購入しました。その芝を牧場で育て、それを飼料として羊を育成。この羊の毛を使ったスーツを仕立て、選手たちに贈ることで「勝利をまとう支援」を行ったのです。

M.J.Baleが試みたエンゲージメントづくり

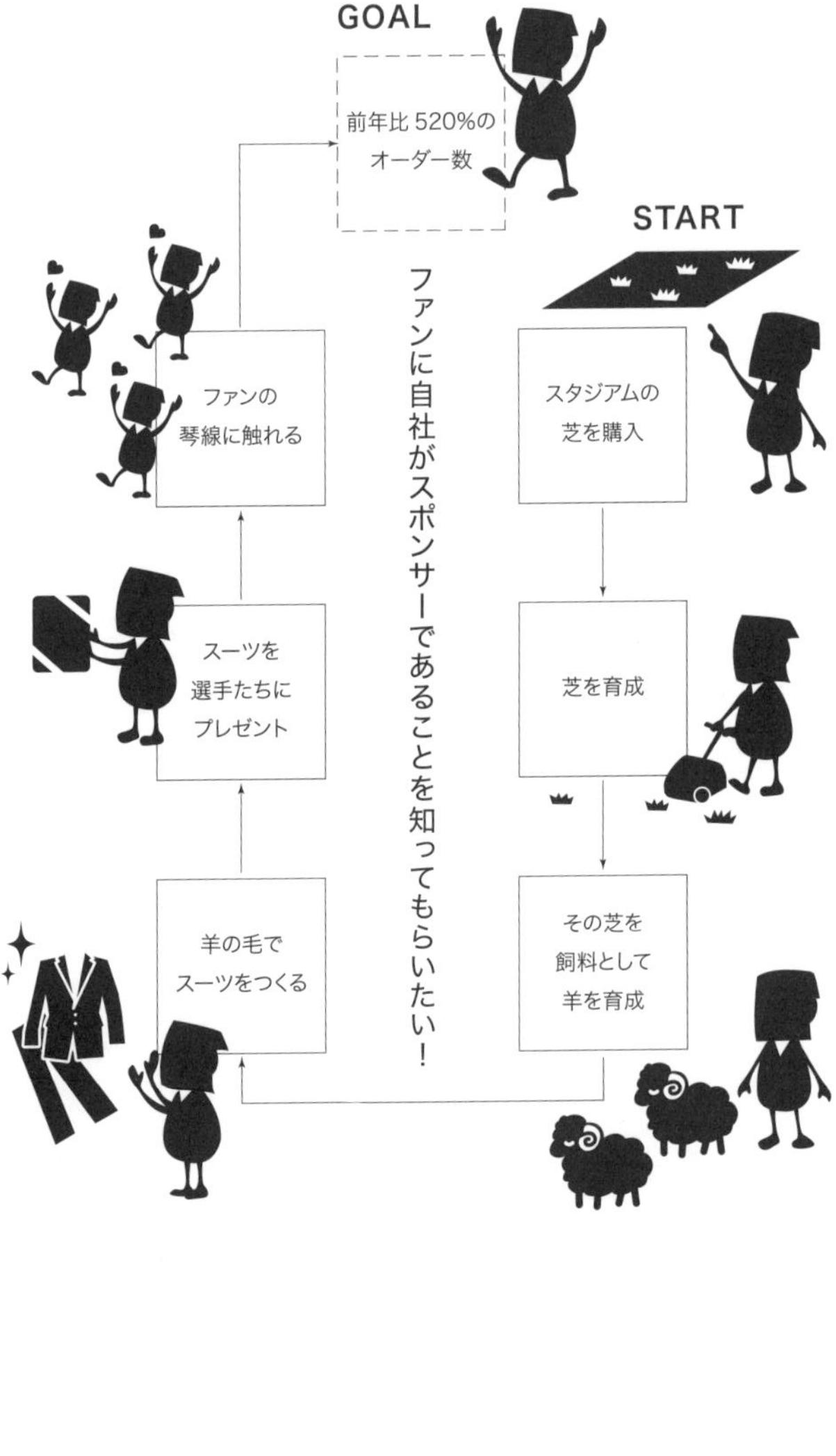

この手間のかかる、粋な支援にファンや顧客が感動。M. J. Baleの「お金だけでない、気持ちの支援」に対して共感が強まり、同社のスーツの注文数は、なんと前年比520％。百貨店等への出店も引き合いが続き、売り上げも前年同期比で3倍近くにアップしたとのことです。

事例「Theatre Rigiblick Annual Business Report」 ※カンヌライオンズ2012 PR部門にてシルバー受賞

スイスの劇場が、スポンサーに向けた決算説明を演劇風に展開。プロの俳優が歌ったり踊ったりしながら決算数字を伝えていった。ユーモアあふれるこの演出は、演劇好きなスポンサーや献金者の心を捉えた。日本の株主総会でも、自社製品の配布や試食というケースは多々あるが、こうした商品を持たない劇場が観劇という体験機会をスポンサー・サービスとして提供したのは洒落ている。既存スポンサーの100％が次年度のサポートを確定したという成果も。

事例「Solar Annual Report」

※カンヌライオンズ２０１２
デザイン部門にてグランプリ受賞

太陽光発電を提供するオーストリアの企業が、自社の事業を象徴的に伝えていくため、「太陽の光の下で、初めて文字が浮かび上がる」アニュアルレポートを作成。そのあらゆる情報発信の機会を自社の理念を伝えることに活用する姿勢に脱帽。

この2つの事例も、コア・ファンの琴線に触れる情報のつくり方をしています。株主を含め、ファンの心理を常に把握しているからこそ、こうしたアイデアが生まれるのだと思いますし、また相手の立場になって考えられる想像力、「こんなことされたらうれしいだろうな」が効いている事例でしょう。

世界のPR、日本のPR

カンヌライオンズ2012で接した事例を見るに、やはり海外のPRはコーポレート・コミュニケーションとマーケティング・コミュニケーションがうまく融合されていると強く感じます。マーケティング・キャンペーンなのですが、入口がどう見てもコーポレート寄りだったり、またその逆だったり。

先のダイムラー社の事例（36ページ参照）のように、「ゼロ・エミッションに取り組む企業」を訴求するコーポレート・コミュニケーションから具体的な製品の理解促進につながったり、その逆で、「ゼロ・エミッションのクルマ」の存在を知ることからダイムラーの企業ビジョンに自然と気づかされたりすることもあるのです。

どちらを入口にしても、常に両者（企業＋製品）を合わせた情報に自然と触れる形になっている——これにより、企業に対する共感を継続して獲得していくという作戦です。

その意味で、日本はまだまだその辺りの融合が十分ではありません。それどころか、企業と製品がうまく連想できないこともあります。「これって、どこの製品？」と思われてしまうのは、その後の新製品購入の機会損失につながる可能性があります。

「これはいい製品だったし、次の製品にも期待したい。積極的に購入したい」と思わせるために、どの施策においても製品ブランドと企業ブランドの融合を念頭に置くことが企業にとっての今後の大きな課題ですし、そのためにも広報や宣伝担当の方々は、より緊密な連携を取ることが必要だと思います。そして、それを束ねるＣＣＯ（チーフ・コミュニケーション・オフィサー）という役割は、非常に重要であると言えるでしょう。

3

日本における
ＰＲのトレンド

戦略ＰＲの登場

広告で生活者が動かなくなったと言われる現在、企業のマーケティング・コミュニケーションを担う広告・宣伝部がその解決策を求めて、ＰＲの活用に関心を抱くようになったのは自然な流れと言えましょう。中でも「戦略ＰＲ」という言葉が登場し、広告と連動して行う「事前の空気づくり」という概念が提唱されると、広告・宣伝担当者からの関心は一気に高まりました。なにせ、「広告が効かない」と悩んでいた時期ですから、藁にもすがりたいという気持ちがあったのでしょう。さらには「事前の空気づくり」という言葉が独り歩きして、一部では「戦略ＰＲがあれば広告なんていらない」というＰＲ会社まで出現した、と耳にしています。

しかし、空気づくりだけでは決してモノは売れません。いかにその「空気」を生活者自身に馴染ませ、購買につなげるかが極めて重要なのです。そこで広告も含めた各種のコミュニケーション施策をいかに有機的につなげていけるかが鍵となります。この成功例として有名なのが、ピロリ菌を減少させる効果を持つ乳酸菌「ＬＧ21」の啓発活動です。

ピロリ菌に対する知識がない生活者に対し、「ピロリ菌対策の」と言っても誰も関心を持ちません。しかし、「ピロリ菌は胃がんを引き起こし得る原因菌で、日本人の50歳以上の8割がこの菌に感染している」といったピロリ菌のファクトを伝えることで、「もしかしたら私も」という「自分ゴト化」を図り、「ＬＧ21」への関心へとつなげたわけです。このタイミングでＰＲ以外の各種施策も投入、生活者間での話題化を実現し、彼らの行動を後押ししたのです。

この活動の成功により、企業の広告・宣伝部は後に「戦略ＰＲ」と呼ばれることになる、このような情報発信の仕組みをぜひ取り入れたいと声を上げるようになり、またこれまでマーケティング・コミュニケーションにあまり携わってこなかった広報部でも、その新たなスキームへの関心を高めていきました。

私自身はこの事例の中で、それまで「他人ゴト」だと思っていた情報を自分に関連のある有益な情報として認知させる「自分ゴト化」に特に注目しました。そして事前に関心のない情報に対して生活者を振り向かせるための情報設計が、「自分ゴト化」

によって引き起こされる意識変化・態度変容にいかに大きな影響を及ぼすかということを改めて確認しました。

クリスマスには1ピース足りないケーキを

〝自分ゴト化〟促進の事例をもう1つ紹介しようと思います。NPO法人「ワールド・ビジョン・ジャパン」が2009年から展開している「ラブケーキプロジェクト」です。ワールド・ビジョン・ジャパンはもともとキリスト教精神に基づくNPO法人で、貧困・災害・紛争などで苦しむ子どもたちのために、水、衛生、保健、教育、食糧、経済開発など、様々な分野で支援を行っています。その支援プログラムの柱として「チャイルド・スポンサーシップ」がありますが、これに参加するには毎月一定額の寄付をすることになるので、参加へのハードルが高いと感じる人もいるでしょう。そこで、より参加しやすい寄付のスタイルでありながら、途上国で食糧不足により困っている子どもたちがいることを多くの人に知ってもらい、状況を改善するために「私

足りないクリスマスケーキが寄付を象徴している「LOVE CAKE PROJECT」のロゴ。（ワールド・ビジョン・ジャパン提供）

にもできることがある」と実感してもらえるようなプログラム「ラブケーキプロジェクト」を立ち上げたのです。

これは、プロジェクトの趣旨に賛同するパティシエたちの協力を得て、1／8程度の1ピースが足りないクリスマスケーキ（＝ラブケーキ）を創作してもらい、各店舗で通常のホールケーキと同じ価格で販売。ラブケーキを購入すると、足りない1ピース分の金額が募金となり、ケニアでの食糧支援に役立てられる、というものです。

このプロジェクトの狙いは、普通にケーキを買うだけで寄付ができてしまうというところにあります。我々は、寄付や募金についてついつい偽善ぽく見えないかと考えてしまうこともあると思うのです。そこで、「敢えて」「わざわざ」という行動がなく、自然な日常活動の中に組み込めないか、という発想です。「寄付という特別な行為をする」と気構えなくてもすむように、日常的に何かを行うプロセスで、自然と寄付がされるという体験機会をつくり出すわけです。

特別ではなく、日常的な行為でも、自分の中では「いいことしたな」という満足感が芽生えてくれるはずです。その心地良さと、「小さなことでも、自分にできることはある」という想いから、寄付の習慣化につながる可能性があります。

このプロジェクトは通年で行っていますが、PR的にはクリスマスに盛り上がりをつくっています。「なぜクリスマスなのか?」ですが、「子どもの幸せ」について多くの人がより深く考える機会として「クリスマス」はぴったりではないかということです。

親が子どもとのリレーションを特に重要視するクリスマスシーズンに、「1ピース足りないユニークな形状のクリスマスホールケーキ」を買って帰ります。食卓に据えられたクリスマスの主役でもあるケーキを前に、子どもは「なぜこのケーキは1ピース足りないのか?」という疑問を必ず抱くはずです。それをきっかけに「世界の子どもたちの困窮」について親と子どもが会話をする。すなわち、このタイミングで、通常では話さないような「世界の恵まれない子どもたち」について家族で考えるシチュエーションが生まれるわけです。

通常であれば、照れくさくてなかなか話し出しづらいことでも、子どもの方から問いかけてくるでしょう。そして、その会話を経て改めてこのケーキを見た時には、あたかも「クリスマスケーキを異国の恵まれない子どもたちとシェアしている」ような感覚が生まれるのではないでしょうか。

また、このプロジェクトは、メディアが取り上げやすい〝絵づくり〟もできています。すなわち、「1ピース足りないホールケーキ」です。メディアにおいて、その趣旨が一目で伝わるような象徴的な〝絵〟になっており、さらに子どもたちが親からの話でいろいろ学ぶというシーンは、メディアにとって、やはり社会に対して伝えておかねばと考える内容だと思います。

併せて、このような取り組みについてはSNSとの相性もいいのです。都道府県ごとにFacebookで参加店舗を紹介すると、おいしそうなケーキの画像効果もあり、多くの「いいね！」による口コミ効果が生まれています。「ケーキ」は比較的身近な存在のため、行動を起こすきっかけになりやすく、高校生が「自分たちが住む県にもラブケーキ参加店舗を！」と自ら行動を起こして、見事にパティシエを口説き落として参加に至ったという県もあります。またそのデザイン性から、美術大学の学生がプロジェクトのポスターを課題授業で制作するなどの広がりも見せています。

現在では参加店舗を全国で90店舗前後に増やし、また、クリスマスだけでなく「誕生日ケーキをラブケーキにした」という声も増えているようです。

「情報氾濫の時代」に、情報の発信側はどう対処すべきか？

ブログ等を使った、生活者による情報発信活動が定着し、世間に還流する情報量が飛躍的に増えたのはご存じの通りです。総務省の「情報流通インデックス調査2011」によると、広告に限らずですが、日本における流通情報量は1日当たりDVD約2・9億枚相当となっており、見当もつかないとてつもない量となっています。

飛躍的に増加する流通情報量と消費情報量

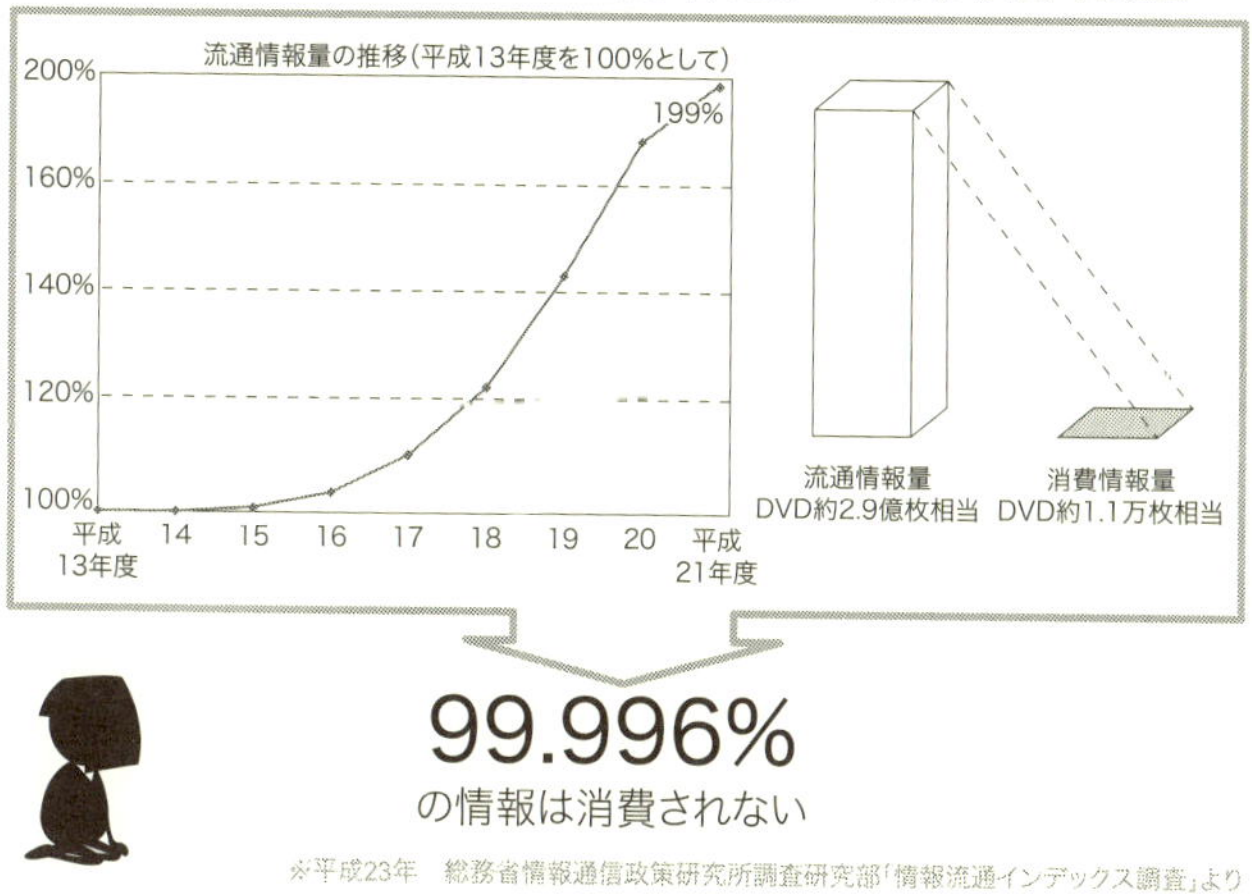

※平成23年　総務省情報通信政策研究所調査研究部「情報流通インデックス調査」より

そして、実際に我々が消費しているのは1日当たりDVD1・1万枚相当。比較してみますと、実は全体の99・996%の情報が消費されずに受け流されている、ということになります。

一方で、それまで新聞報道やテレビのバラエティ番組、お気に入りの雑誌など、マスメディア群から情報入手していた生活者の多くがCGM（Consumer Generated Meaia）に傾倒し、新聞は読まないけど他人のブログでニュースを知るといったことも、もはや珍しくありません。

テレビを見るにも、より深い情報を知るためにインターネットとの「ながら見」が一般的になり、テレビで見た話題の商品を即座にネット通販で購入、即品切れ、といった事態も、今やよくある話となりました。

このように、今は「情報氾濫の時代」であり、生活者は、「何か優良な情報はないか」と両手を大きく広げながら、実は抱えきれない情報群を掌の隙間からポロポロとこぼしているのが実情です。既に自身による情報選別をあきらめ、「自分が信じる人」にその選択を任せてしまう人も出てきました。

そんな中で、最終的なターゲット、あるいは彼らに情報を取捨選択して届けてくれる各種のメディアやインフルエンサーに対し、我々は一体どのように情報発信していけばいいのでしょうか。

ここで1つ、我々が長年、マスメディアと接してきた中で、彼らの関心を高める情報の切り口を提示してみたいと思います。この視点はマスメディアのみならず、実はブログなどで日常的に情報発信活動を行うようになった、多くの生活者にも響くものだと思います。それが「自分ゴト化」へと導く戦略PRの1つのエッセンス、「PR IMPAKT®（ピーアール・インパクト）」です。

ここでは、これまでのPR活動の中から、我々なりに導き出した「語りたくなるニュースのつくり方」をご紹介したいと思います。

情報価値を高める視点「PR IMPAKT®」とは？

先に言いますと、「IMPAKT」の「K」は、本来であれば「C」になりますが、アクセントとして敢えて「K」としてあります（と言いつつも、実は語呂合わせの都合というのが最大の理由ですが……）。

では、その意味を紐解いてみましょう。

「PR IMPAKT®」の目的は、メディアに「これは読者・視聴者に届けたいニュースだ！」と捉えてもらうための、わかりやすいフックをつくり出すことです。

情報氾濫の時代に「生活者に振り向いてもらう」「〝自分にも関係のある情報なのでは？〟と思ってもらう」ためのきっかけだと理解してもらえればいいと思います。

「IMPAKT」の各文字における、それぞれの意味はこうなります。

①「Inverse」（インバース）＝逆説、対立構造
②「Most」（モウスト）＝最上級、初、独自
③「Public」（パブリック）＝社会性、地域性
④「Actor/Actress」（アクター／アクトレス）＝役者、人情
⑤「Keyword」（キーワード）＝キーワード、数字
⑥「Trend」（トレンド）＝時流、世相、季節性

まずは、1つずつ事例と併せて見てみましょう。

①「Inverse」（インバース）＝逆説、対立構造

生活者に振り向いてもらうことが目的であれば、そのニュースに触れた時に「えっ？」と思わせる意外性を盛り込むのは1つの手です。

ただし、「単に驚かせる」ということではいけません。その特徴を意外なものと組み合わせてみることで、「面白い」「人にも教えたくなる」情報になるということです。

例えば、「大人の炭酸」。もともと各種の清涼飲料水、特に炭酸の入ったジュース類

などは若年層、子どもたちが好んで飲む飲料です。甘くて、飲みすぎるとあまり体に良くない、といったイメージもあるのではないでしょうか。

こうしたイメージは、特に誰かが決めたものではありませんが、生活者を含め、多くの人々の中になんとなく「当たり前のこと」として定着している認識だと思います。そこに「甘くない、炭酸強めの大人向け飲料」や「トクホを取得した体にいい炭酸飲料」など、これまでのイメージを覆すような情報が提示されたならどうでしょう？

「ホントに？」「なんで？」といった疑問や、「スゴイ！」といった感嘆が生まれてきませんか？　自分が思っていたことと「逆の道理」が存在すると、人々の目を惹くわけです。本来のベネフィットが損なわれていては意味がありませんが、そのような視点で特徴を引き立たせる紹介の仕方がある、ということは覚えていて損はないと思います。

他にも、「スポーツようかん（羊羹）」なども話題になりましたね。本来はお茶の間でゆっくりとお茶でも飲みながら楽しむあの羊羹が、実は運動で失われる栄養分やカロリーを急速チャージする商品となり、マラソンランナーや登山愛好家などに人気だというニュースは、意外性に面白さも加わり、ついつい誰かに教えたくなる情報になっています。生活者に有意義な情報を届けようとするマスメディアですが、マジメ一辺倒ではなく、生活者に楽しんでもらえる話題というのもその報道範囲なのです。

また、この製品設計で気になるのは、「スポーツをするアクティブシニア」をターゲットの1つとして設定していること。この手の商品は、通常ならスポーツドリンクであったり、顆粒状のサプリだったりしますが、なかなかシニアには訴求しづらい部分もあったはずです。しかし「羊羹」という和菓子であることで、シニア層に違和感なく、手に取りやすいきっかけを創出しているのです。

幼児向けのお菓子として知られている「ビスコ」を、防災対策用食品「ビスコ保存缶」として売り出すというケースもありました。

こちらも「日常で、家族や友達とオヤツとして食べるビスケット」というイメージから、「万一の災害時の非常食として5年間保存でき、しかも従来通りおいしく食べられる食品」と新たなマーケットを切り開いた事例。いい意味での意外性というのは、好感度が増しますよね。

加えて、「ビスコ」は、発売開始80周年、売り上げ最高記録更新、「保存缶」の宇宙食利用、昨今の防災意識の高まりや循環備蓄対策状況など、社会の流れや関心といっ

防災対策用食品として発売された「ビスコ保存缶」。

た外部環境を常に捉え、製品と紐づけた情報発信をしている好事例と言えるでしょう。

また「Inverse」にはもう1つ、「対立構造」という要素があります。「AとB、どちらが強いのか？」「C店とD店のラーメンは、どちらがどうおいしいのか？」といった比較ネタというのは、生活者においてもそれぞれの「思い」や「言い分」があるため、話題にしやすいもの。ついつい激論化し、最後には口論になってしまうこともあるほど、この比較ネタは盛り上がる話題の1つだと言えます。

そしてメディアにとっては、そういった

比較による話題化という側面に加え、「中立性」「平等性」といった視点も加わります。社会に対して影響度の強いマスメディアが、何かしら個別の企業や製品、サービスを取り上げると、よほどのニュース性がない限り、提灯記事に見られてしまう可能性があるのです。極端に褒めそやすわけではなくとも、その情報がニュートラルな扱いでメディアに載り、数多くの生活者の目に触れるだけで、十分な「宣伝」になってしまうわけです。そこでメディアは、なるべく同様の製品を複数並べて紹介しようとします。それは企業や団体の公平性を維持するためです。

このようなメディアの特性を活用し、業界トップの記者発表会開催日に同業界の3番手、4番手の企業が自社の発表会をぶつけて、翌日の紙面で業界トップとの横並び記事を狙うこともあります。3番手、4番手の企業の製品が、そのトップクラスの製品と並んで紹介されることによって、生活者はその2社の製品があたかも市場の首位争いをしているかのように認識するわけです。

この新製品発売のタイミングで、さらに周辺情報を付加することで、様々なメディアに取り上げてもらおうとするのが発信主体側である企業のベーシックな戦術となりますが、逆にライバル各社は、常にこういったタイミングに自社製品の情報が横並びで紹介されるよう目を配っておくわけです。

「画期的性能」がつく場合以外は、何かしら似通った性能などがあるはずです。もしくはターゲットごとに響くユニークな特徴もあるでしょう。それらをライバルの新製品発表会などのタイミングにぶつけて、自社の製品への言及を狙うといった戦術です。

このように、いかにタイミングを逃さず、相手の土俵に上がっていくか、などもPRパーソンの腕の見せどころなのです。

②「Most」（モウスト）＝最上級、初、独自

次は何らかの最上級表現での打ち出し方ができないか、という視点です。とにかく「一番大きい」「一番多い」「一番早い」「一番人気」などの最上級表現は、メディアに関心を持たせる大きな要素です。

もちろん最初から「この製品は実は世界で一番〇〇でしてね」ということであれば、打ち出し方は簡単に決まります。しかし当然ながら、そのような製品にはそれほど頻繁に出合いません。

でも、視点を変えてみてください。別に「世界一」ではなくてもいいんです。「日本一」ではどうですか？　それも難しい？　それなら「関東一」「東京一」「世田谷区一」、あるいは「30代で人気No.1」や「男性50代で売れ行きNo.1」では？

さらにセグメントしてみましょう。「春夏シーズンで」「花粉症の時期に」「この夏、海外旅行に出かけたファミリーの中で」などなど。どんどんフィルターを掛け、対象について細かく探ってみてください。何かしらの「一番」がきっと見つかるはずなんです。

フィルターの掛けすぎで対象層がとても小さな母体となったとしても、それはそれでいいのです。むしろ、ターゲットが特定層として特徴づけられたことで、その製品やサービスの特性が格段に説明しやすくなっているはずです。

「こういった人たちに、こういったところがウケている製品なんですよ」と説明できれば相手も理解しやすくなりますよね。そういう意味でも、「一番を見つける」というステップは必ず踏んでみるべきなのです。

またこの視点により、新製品のみならず、これまでの既存商品でも新たな存在価値を見つけることができるかもしれません。

「万人向け」という打ち出し方で、逆に「買わなきゃ」と思うきっかけが見出されなかった商品も、「男性、30代の、○○の不調が気になっているあなたに!」と言われたことで、自分の状況と照らし合わせ、「この商品がもしかしたら自分の不具合を助けてくれる存在かもしれない」と思ってもらえれば、それがトライアル購入のきっかけともなります。

「ギネス記録達成」などのお墨つきも、非常にオーソドックスではありますが、やはり情報にインパクトを生み出し、知り合いなどに語りたくなるものです。

例えば、「1箱1000円のたばこ」が話題になり、店頭で品切れが続いたことがありました。お小遣いを減らされ続けるお父さんたちが、それでも「吸いたい!」と買っては大事に1本ずつ吸ったたばこは、実は昔からある「ピース」という銘柄。しかし、それを最高級品の葉でつくり上げ、この1本を吸うだけでも至福の時間を楽しめる存在に高めた作戦が見事に当たったということでしょう。「お小遣いが減り、とにかく安いたばこを求めるお父さん」といった我々の想像を覆す、ある種の「inverse」でもあるこの訴求方法はとても新鮮だったと思います。これについては、情報だけでなく、製品そのものを工夫しているわけですが、「戦略ＰＲ」に活用できそうな訴求ポイントがいくつか見つかりそうであれば、こういった製品開発そのものにチャレンジするのも手だと思います。

また、「日本一暑い街　熊谷」というコピーを覚えていらっしゃる方もいるのではないでしょうか？　夏になると連日「本日、熊谷は40度を越し……」などと、聞いているだけで「もういいよー」となりそうなホットな町・熊谷は、この暑さを逆手にとり、町の宣伝、観光客の誘致を続けています。

「そこまで暑いところになぜわざわざ？」と思ったりもしますが、それだけ「No.1」という称号は強い、ということではないでしょうか。とにかく自分も体験してみて、その体験談をFacebookなどでみんなに紹介したい。「おれは耐えたよ、この暑さに」のような我慢強さを自慢したくなるのかもしれません。まさにソーシャル・メディアに最適な打ち出し方とも言えるこのメッセージは、マスメディアもお気に入りで夏のニュースの定番となってしまいました。

さらに、毎年新たな「暑さ対策製品・サービス」が同市で導入され、またニュースにもなります。「冷やしカレー屋」「氷水シャンプーの床屋さん」など、人に言いたくなる話題が生まれ、これに呼応した体験により、さらなる情報拡散がなされていくのです。

そのうち、これらの「暑い町対策」の製品やサービスが海を越えて世界に羽ばたき、暑い国で人気を博すのではないかと毎年期待してしまうほど、自走している見事なコンテンツと言えるでしょう。

「初めての○○」「独自の技術を使用した○○」なども、ある意味、セグメントされた領域でのNo.1を示すモノサシということができるでしょう。

こちらも「世界で初めて」「日本で初めて」から始まり、どんどんセグメントした特定の領域にその評価ラインを狭めていけば、きっと「初めて」と言い切れるポジションが見つかりますし、「独自の」という視点では、「ここが他にない仕組み」「ここが新発想で組み合わせた技術連携」など、その特徴を表すのに魅力的な説明ができる部分を探していけばいいのです。

そういう意味では、実は一番難しそうに思えて、どれもが持ち合わせていそうな訴

2010年6月23日、東京メトロ半蔵門線渋谷駅に直結する
渋谷第一勧業共同ビルに設置された日本初のバナナの自動販売機。

求ポイントとも言えそうです。

例えば、自動販売機。イメージとしては缶ジュースが並ぶのが通常ですが、最近では実にいろいろなものが売られています。

日本で初めてバナナを自動販売機に入れた事例も注目を集めました。バナナの生産販売元であるドール社は、この自動販売機を通勤・通学客の多い駅に設置し、忙しくて朝食を摂れなかった人たちに手軽に栄養豊富なバナナを提供することでバナナに接する機会を創出し、継続的な購買への誘導を図りました。

また、メガネの販売機も出現しています。

こちらは通常だと視力検査などが必要で、実際のフィット感などを試しながら買うべきメガネを、自動販売機で売ってしまうという意外性も兼ね備えています。

もちろん、通常の視力矯正用のメガネではなく、実はPC操作時の目の負担を減らすための機能性メガネなのですが、まずは情報接点の入口で関心をつくる、という意味で良い結果を残している事例と言えるでしょう。

③「Public」（パブリック）＝社会性、地域性

マスメディアは、社会に対してニュースを届ける使命を帯びています。そのため、一人ひとりの記者は「世のため、人のため」になる情報を常に求めているのです。

特に新聞やテレビのニュース番組は、雑誌やバラエティ番組と比較して、そうした社会的視点の問題提起が数多くなされています。また、その読者層・視聴者層は広く、ここで自社に関する情報が話題として取り上げられるとそれは広く拡散し、浸透していきます。つまり、非常に多くの生活者に対して「自分ゴト化」を促進できる情報ルートとして有効なのです。

そこで我々PRパーソンは、記者たちが報道しようとしている「みんなが知っておくべき情報」とつながるように、企業の製品やサービスに社会的視点を付加してストー

リーをつくるのです。

これにより、提灯記事を書かない記者たちも、このストーリーの中でそれらの製品やサービスを取り上げることに大きな違和感を持たなくなります。その他に取り上げるニュース素材があれば、先述したように公平性を保つために記者はそれを横並びで取り上げることでしょう。それでいいのです。その中にその製品がポジショニングされることで、製品のアイデンティティが明らかになるわけで、これによりある種の「お墨つき」が獲得できるのですから。

また、「地域性」というのも一種の「社会性」と捉えることができます。新聞には地方面、テレビの報道番組でも「地元枠」があり、日本全体のニュースよりも、その地域の人々にとってもっと重要で伝えるべきニュースがそこでは報道されているのです。そういったエリアごとの社会的関心事と各製品を関連づけてみれば、ＰＲのためのフックがさらに広がるかもしれません。

④「Actor/Actress」（アクター/アクトレス）＝役者、人情

メディア露出の視点から言うと、いつも我々が検討するのが「新聞のどの欄、テレビのどのコーナーにこのニュース（情報）は当てはまるのか」ということです。いくら良い情報でも、取り上げる場所がなければ意味がありません。

そういう視点から、情報発信元となる「ヒト（＝人物）」についてフォーカスしたのが、この「Actor/Actress」です。なぜなら「ヒト」を中心に取り上げるスペースは各メディアに恒常的にあるからなのです。

新聞で言えば「人欄」、テレビで言えば「人物密着番組」など、「ヒト」を通じて目的のメッセージを発信してもらうという企みです。

身の回りのメディアを見回すと実は結構あるのが、こうした企画スペース。「新社長紹介」「社長交遊録」「ヒットの仕掛け人」といった類は、各種新聞に同様の欄がありますし、テレビの密着番組では、「情熱大陸」「ガイアの夜明け」など、注目の人に数ヶ月間密着取材を敢行するものが人気です。しかし、単なる人柄紹介・仕事紹介では露出はするものの、その後に話題が独り歩きするには物足りません。そこでここでも①の「Inverse」的な組み合わせの妙が求められます。

例えば、「社長自らがトイレ掃除」をルールとしている企業があります。ここではやはり、「なんで社長がトイレ掃除なんかするの？」という疑問、ないしは興味が生まれますよね。

実はこの企業は「お客様中心主義」と「働く場の環境整備」を企業経営のモットーとしており、後者についてはみんなが嫌がるトイレ掃除を社長が率先して行うことを通じて、その意識を徹底することが目的なのです。

「企業のトップが、みんなが嫌がる仕事をする」という逆説が、大きな関心を生んだように、「この人が○○なんかを？」といった逆説がつくりやすいのも、ここでのポイントかもしれません。

やはり「ヒト」を介した情報発信の方が具体的なイメージが湧きやすいですし、また発信する「ヒト」によって情報の価値も変わってくるというのがおわかりになるかと思います。

⑤「Keyword」（キーワード）＝キーワード、数字

新聞の見出しを見ていただくとわかる通り、メディアの記者たちには、限られたス

ペースで物事を最大限に伝えるための工夫が求められます。その1つとしてキーワードづくりがあります。

非常に短いセンテンスで、言いたいことを象徴的に伝えるため、各種の造語をしたり、規模感を伝えるために何か違う尺度のものに置き換えて表現したり。新聞社は記事内容のわかりやすさ、関心喚起のための言葉選びに日々努力しているわけです。

しかし、そのようなキーワードづくりはメディアのみの専売特許ではありません。情報発信する側も、キーワードづくりをするべきなのです。あまりに客観性を欠いた、あるいは納得感のない、あるいは語呂の悪い言葉だったりすれば、それはもちろん却下されるでしょう。しかし、「これは絶妙な言い回しだな」と思ってもらえれば、しめたものです。

また生活者の意識調査などを実施し、そこに出てきたリアルな言葉をうまく活用したキーワード等も、背景があるので使いやすいものになるはずです。

ちなみに日本で一番見られているニュースサイト「Yahoo! ニュース」では、契約する150を超える報道機関から1日に約3500本の情報配信を受けています。

その中から1日80本前後しか掲載されないYahoo! JAPANのトップページにある「Yahoo! ニュース」のトピックス、通称「ヤフトピ」は、掲載率約2％ということで、今、企業が一番ニュースを載せたいページとなっています。

この「ヤフトピ」の見出しは、基本は全角13文字で統一されているのをご存じでしょうか。我々はニュースリリースで見出しをつける場合にも、ここにうまく収まるようなキーワードを極力盛り込むようにしています。あわよくば、このキーワードを盛り込んで「ヤフトピ」に載せたいと日々チャレンジしているわけで、まさにリリースを書く時には、指折りしながら文字数を数え、句読点の半角換算をやり直しつつ、掲載タイトルを想像するわけです。

私の感覚では、ある属性を持つグループを通称で置き換えるやり方などがタイトルに採用されやすい傾向にあります。例えば、「〇〇系」「〇〇族」「〇〇派」のような呼称で言い表したり、「〇〇な人は、×割」「〇〇派が過半数」など割合を数字で表したりするタイトルは、よく使われるようです。

これらのキーワードづくりで言えば、昨今では「第3のエコカー」とか「理系女子＝リケジョ」などが頭に浮かびます。

「第3のエコカー」は、「エコカーと言えばハイブリッドか電気自動車」という既成イメージに対し、既存の技術をさらに磨きあげることで、軽自動車をエコカーとして認識させることに成功したキーワードです。

そもそもエコカー扱いされていなかった軽自動車を、エコカー・カテゴリーを大きく捉えて「こういう視点のエコカーがあってもいいじゃないか」と訴求したことで世の中に受け入れられました。各社がこの新たなカテゴリーに参入し、「第3のエコカー」カテゴリー自体が伸長。ハイブリッドや電気自動車と比べて価格も安く、誰もが買いやすい「みんなのエコカー」として軽自動車市場の活性化をも生む結果となりました。

このように既存カテゴリーに相対する、新たなポジショニングが顕在化されたことで、前述の「Inverse＝対立構造」視点から、メディアでもかなり多く報道されました。

一方の「リケジョ」は、にわかに就職活動などで人気を博した「理系女子」の略語です。なんともその響きが面白く、「リケジョ」は瞬く間に口の端に上るようになりました。意味も大切なのですが、こちらはより語感が響いたキーワードと言えるかもしれません。マスメディアももちろん使っていますが、SNSなどで格段に広がったキーワードと言えるでしょう。

⑥「Trend」(トレンド)＝時流、世相、季節性

メディア報道を定点的に見ていると、「この時期には必ずこの話題を取り上げる」という傾向に気づくと思います。

季節の移り変わりに伴う「初雪」「花粉の季節」「紫外線の季節」「梅雨」「猛暑」「夏バテ」「食欲の秋」、また「新学期」「卒業式」「夏休み」「受験」といった学校行事系や、「ゴールデンウィーク」「年末年始」「転勤」「引っ越し」「成人式」などの生活行事系。実はこれ、③の「Public」の項目でも触れましたが、メディアが「みんなが知っておくべき情報」を常に追い求めているからなのです。

これらの事柄は、世の中の大半の生活者が気にかけているので、その関連情報については、メディアでも繰り返し取り上げられます。新聞やテレビはもちろん、雑誌も月刊誌などを前年のものと比べてみれば、メインの第1特集はその時の流行りを取り上げながらも、第2特集はほぼ前年と同じテーマで組まれているはずです。

すなわち、この範疇で言えば、我々はメディアが年間を通じてどんな報道をするのかを事前にある程度把握できているわけです。これを活用できれば大きなアドバンテージになると思います。あとはその中で、自分たちの製品・サービスにおける「報道する必然性」を見つけ、記者に納得してもらうことができれば、記事化の可能性も遠くないはずです。

それでは具体的に事例を見てみましょう。

「時流」「世相」さらに「季節性」も含んでいる点で、やはり誰しも実感があるのが「猛暑下での節電」ではないでしょうか。ただでさえ毎年暑さが酷くなっているように感じていますが、そこに追い打ちをかけて「節電のためにクーラーの使用などを極力抑えよう」という潮流は、有無を言わさず生活者を巻き込みました。

この猛暑下での節電というトレンドに関連づけて登場したのが「冷やし食」ブームです。「日本一暑い街　熊谷」でも紹介しましたが、「冷やしカレー」ならぬ、「冷やしフード」ブーム。カレーで言えば、もうぐつぐつ煮るのも暑い！ということで「温めずにおいしいカレー」というレトルトカレーが発売されたり、お茶漬けを熱いお茶でなく、冷たい氷水で食べようと提案する「冷やし茶漬け」、またカップラーメンさえも氷を入れて冷たく食べる方法が紹介されました。

カレーは温めずにおいしく食べられるように新開発された商品ですが、お茶漬けやカップラーメンは、既存の商品をどう調理するのか、という提案で、商品そのものの大きな変更を伴わない施策となっており、まさにアイデアの賜物だなと感じます。毎年節電が叫ばれている中、当然のことながら次の夏も節電への取り組みは不可欠になってくるだろうとの予想から、このような食べ方の提案をプランニングしていたのでしょう。こうした予想される外部環境変化や、あるいは毎年同時期に起こる社会的関心事に対して、いかに自社の商品を紐づけていくかを継続的に考えておくことはPRパーソンには必須でしょう。

要は、1年間でどのような機会が存在し、それぞれに対して自社商品がどのようなベネフィットを提供し得るのか、これを常に考えておけばマスメディアの視点に合わせたタイムリーな情報提供が可能になるはずです。この考え方は、新商品のみならず、ロングセラー商品を新たに活性化させるためにも有用な施策だと思われます。

実はこれは、マスメディア対策のみにとどまりません。スーパーなどの流通では、季節ごとに生活者の食生活の転換点を設定しており、そのタイミングに応じた食材及び食べ方提案を売り場のつくり方と連動して行っています。マスメディア報道と売り場構成が同じタイミングとメッセージで展開されれば、それこそ実売に大きな反響が望めるはずです。

リポジショニングPR

また、前項の①のInverse（逆説）の発展形かもしれませんが、「リポジショニングPR」という視点もあります。これは、ロングセラー商品などの活性化に特に効果を持つと思うのですが、

①年齢や性別、地域など、これまでのターゲットそのものを変える
②目的や意義など、使い方を変える

③季節や時間、場所などシチュエーションを変える

など、その製品やサービスが持つ既存ポジションの「軸」をズラしてみることで、新たなベネフィットを生み出すというものです。そこに、「えっ？　そんな人が使うわけ？」とか、「そういう使い方もできるんだ！」といったことをある種の意外性と共に気づかせることで、生活者における「へぇ～」を生み出し、さらに誰かに語りたくさせるわけです。

それではいくつかの事例を見ながらそのポイントを紹介しましょう。

①ターゲットを変える

性別、年代、職業など、もともと設定されていたターゲット以外に、その商品がベネフィットを生み出せる対象は存在しないのか？　商品コンセプトの根本を揺さぶるような視点ですが、特にその商品が属するカテゴリーごと、他の対象に当てはめてみることで、その商品特性がダイナミックに変貌するかもしれません。

「天才バカボン」のパパでお馴染み、おじさん御用達の「ステテコ」ですが、今や、

見事にそのポジションは若者向け、ひいては女性にも広がりました。私が注目したのは「女子テコ®」「ステテコ男子」というコトバ。「男子」や「女子」というコトバは響きとしては若者をイメージさせます。そのため、このコトバに触れるだけでも、「若者向けにステテコってどうなの?」という関心が芽生えます。

そもそもステテコは着物や袴の下に穿く下着のようなものでしたが、昭和30年代にクレープ生地の量産が可能になり、夏場の汗や湿気で脚に張りつくスラックスの気持ち悪さ解消のためにサラリーマンに一気に定着したようです。別称「ズボン下」「股引《ももひき》」。しかし70年代に入り、ジーンズファッションが流行、「ステテコ=オヤジくさい=格好悪い」とされ、一気に需要が落ち込みました。

ところが近年の夏の猛暑がきっかけとなり、その機能性が見直され始めます。その機運に乗じ、「今風にかっこいいヤツつくっちゃおうよ」と若者向けが登場。生地も最新技術を採用した防臭・防湿、さらにデザインや柄も洗練されて一気に人気が出ました。中には部屋着として穿いてもオシャレに見えるもの、「近所のコンビニくらいはこれで行っちゃってもOK」といった使われ方までしています。そもそも現在の20代の若者は「ステテコ」という言葉も知らず、ましてや悪いイメージもないのです。

その機能から自身のワードローブに採用してしまう。まさにかつての定番商品の現代における華麗な復活劇とも言える事象ではないでしょうか。

その後、女性向けステテコとして「女子テコ®」も登場。これはもう「オシャレ部屋着」の意味が強く、夏の外出用下着とは一線を画すものになっているようです。確かに惹かれるネーミングですよね。


その他では、「スイーツ男子」も面白いと思います。これも「男子は甘いもの食べないよね」という既存イメージの中で、「おれたちだって甘いものを胸を張って食べたい」と思っていた、甘いもの好きの男性たちがようやくその嗜好を世間に晒すことができるきっかけとなりました。「男性がスイーツなんてちょっとイメージとは違うよなぁ」と思いつつも、実は回りに聞いてみると「結構いる、いる」ということがあるのです。つまり、隠れファンを顕在化させることでさらに似たような嗜好を持つ生活者を巻き込み、新しい市場をブレークさせる可能性があるということです。

それまでの違和感を普通の感覚に変えていくのは、仕掛けていて楽しい作業だろうなと思います。

ターゲット設定の視点を変える

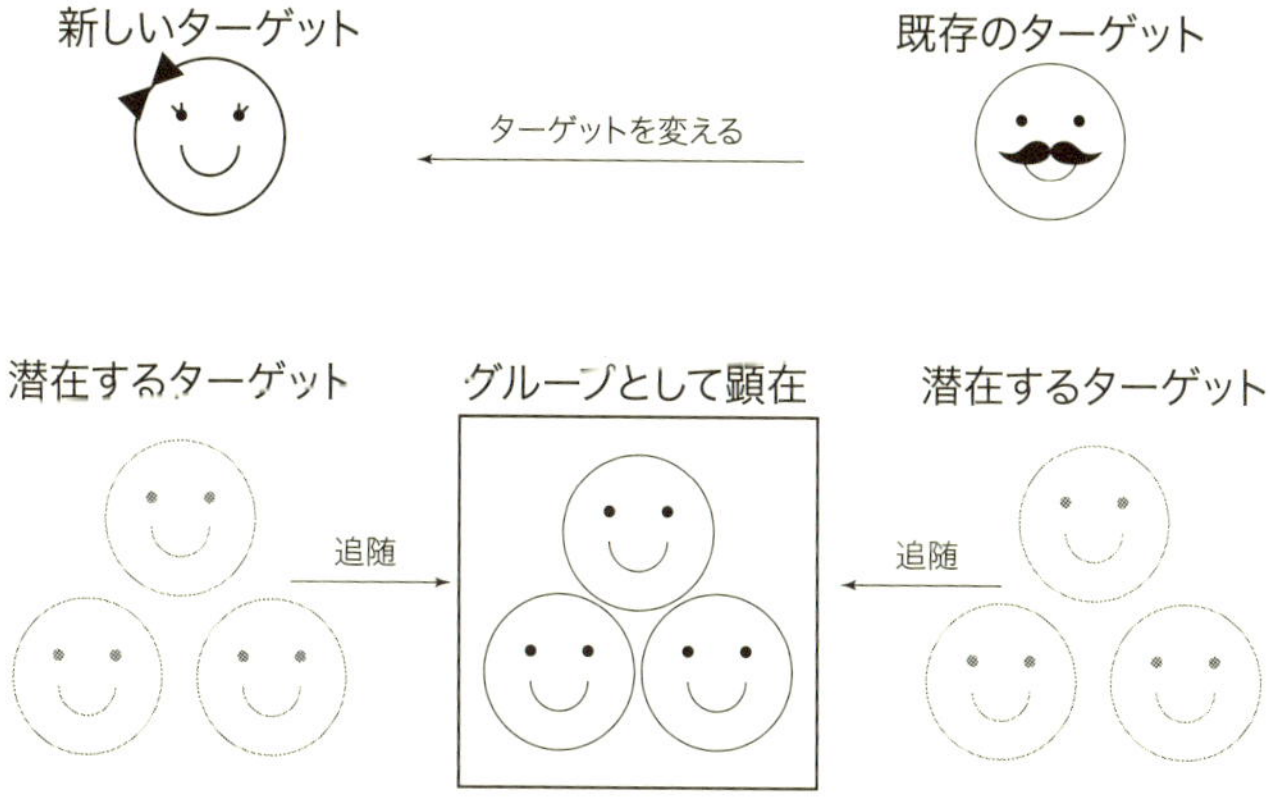

さらに、一般的にオヤジの憩いの場である居酒屋での「女子会」「辞書の最高峰『広辞苑』を小学生の勉強に」など。注意しているといろいろと変わった組み合わせが見つかると思います。

②使い方を変える

次に、元々の商品の目的や意味をひねってみることで、新たな存在に生まれ変わった事例です。

これは有名な事例ですが、チョコレート菓子「キットカット」が仕掛けた受験マーケティング。あくまでその本分はチョコレート菓子ですが、そのネーミングから「きっと勝つ（＝受験に成功する）」という語呂合わせで、キットカットを「受験生を応援する存在」としてリポジショニングしてしまったわけです。受験にお守りはもちろんですが、藁にもすがりたい受験生たちの縁起担ぎはどこまでも続くわけで、「ならばお菓子も」ということに相成りました。

その後、この受験応援シリーズは各社のお菓子に広がっていきました。「カール↓ウカール」「ハイレモン↓ハイレルレモン」「Toppo→Toppa（突破）」など。語呂合わせだけでなく、様々な受験応援グッズも出てきていますが、お菓子がお守り代わりというリポジショニングは、意外性もあり面白かったと思います。

また、もう1つの成功要因は、生活者が非常に気軽な気持ちでトライできる仕組み、すなわち主役がお菓子だったことです。周囲に受験生がいる人なら、その大変さをいつも気にかけています。そこで「何かあれば応援してあげたい。でもあまり重すぎるのもね」という人たちに、「あっ、これだったら安いし、もらう相手も負担に思わないだろうし」という絶妙なアイテムなのだと思います。

さらにチョコレートの事例が続きますが、バレンタインデーの存在もかなり変わってきていますのでご紹介しましょう。

デコレーションされたポッキーは友達同士の交換やパーティーの彩りに。

そもそも日本では、バレンタインデーは「女性が男性に告白する日」で、その時に贈るのがチョコレートだったわけです。それが今や「友達同士でコミュニケーションする日」、しかも「女性同士で」となってきています。確かに小中学生を見ていると、「男子にチョコをプレゼント」や「義理チョコ」などの実態も当然あるものの、仲の良い女性の友達同士で手づくりチョコを、自分のセンスを出しながら交換する行為＝「友チョコ」がそれ以上に流行っているのです。

そこでお馴染みのグリコ「ポッキー」は、「デコポッキー」をキーワードに、自分なりにデコレーションして友達に渡す、というキャンペーンを仕掛けました。「手づくりチョコはちょっと手間が掛かるけど、ポッキーにトッピングしたり、絵を描いたりする程度で個性を出せるなら簡単だし、面白いよね」ということで、そのデコレーション方法は瞬く間に浸透し、多くの人たちに試されました。「女子同士で交換するなら、やっぱりセンスとか見られちゃう」と、みんな頑張るんでしょうね。

③シチュエーションを変える

そして最後が、既存イメージとしてある「場所」や「時間」といったシチュエーションを変えるという手法です。

みなさんお馴染みのハイボールがその顕著な事例。ウイスキーはもともと「おじさんがスナックなどで、しっとりと飲む」「ちょっと強くて、1日の最後に飲む」といったイメージが強かったと思いますが、これを見事に、「食事と一緒に飲む」「居酒屋などでみんなとわいわい飲む」というイメージに変えてしまいました。

もちろんイメージづくりだけでなく、食事にも合うように、炭酸とのバランスで軽やかな飲み口を実現したり、そのバランスをどのお店でも均一で飲めるように工夫したりと、営業努力が徹底されたからこそではないかと思うのですが、すっかり定着しましたよね。

このように「通常連想されるシーン」を覆すことが、ここでのポイントです。

別の例で言えば、「朝カレー」。「Inverse」の事例でも述べましたが、ちょっと常識と違う見せ方をすることによる意外性がポイントです。カレーと言えば、ちょっと早い夕食に家族団らんで「今日はカレーよ！」「わーい！」というイメージが浮かびますが、そこに「いやいやカレーは朝食べなさい」と突きつけるわけです。

その背景情報として、「カレーにはスパイスたくさん」「スパイスは脳を活性化する」「1日の始まりで脳を活性化させると能率が上がる」「受験にも最適」とまで言われたならば、やはりやってみたくなるものではないでしょうか。

さらには「イチローが朝カレーを？」という「Actor/Actress」の視点を織り交ぜる情報発信もありました。実はメジャーリーグに入ってから長年、朝にカレーを食べ続けていたイチロー選手ですが、このニュースが話題になったのはメジャー移籍7年後の2008年です。元々は「カレーのスパイスが脳を活性化させる」という実験結果のみが発表されていたのですが、科学的なデータだけでは生活者は今ひとつ「自分ゴト化」がしづらく、行動に移すまでには至らなかったようです。

ところが「イチロー選手」というわかりやすいアイコンが登場したことによって、あの打撃の成績の良さはもしかするとこの「脳の活性化のおかげなのかもしれない」という連想を生み出し、「自分もやってみようかな」という気持ちを起こしたわけです。

さらにもう1つ、「クノール®」のカップスープの例をご紹介しましょう。

カップスープはドリンクの一種として、ジュースや牛乳、コーヒーなどの水分とぶつかるところもあり、パン食の朝食時には飲まれたり飲まれなかったり、ということが多かったのではないでしょうか。そこでこれまでの概念から、カップスープ＝「パンの相棒」としてのリポジショニングが図られました。そしてCMでは併せて「つけパン・ひたパン」という具体的な食べ方が提示されました。誰しも一度はやったであろう食べ方を顕在化させ、さらにこの2つを「つけパン派」「ひたパン派」と二分し、両派で会話を生み出したスキームは秀逸と言えるでしょう。

実際にはPRというよりも、CMキャンペーンによる効果が強いとも感じましたが、「スイカにはお塩かける？　かけない？」とか、「目玉焼きにはソース？　しょうゆ？」のような、「あなたはどっち派？」といった会話を生み出すコンテンツがCMと連動できているのは素敵だと思います。勝手な分析ながら、他にも活かせそうなエッセンスだと感じました。

このように、商品を多面的に捉え、何かしら新しいポジションを探ることも1つの活性化策と言えるでしょう。これはまさに日々の鍛錬で誰でも持てる視点なのです。

「態度変容」を促す「自分ゴト化」のきっかけづくり

本章の初めの方で〝自分ゴト化〟ということを書きました。ターゲットが関心を持ちやすいメッセージで、「これは自分に関係のある情報かもしれない」と気づかせ、その情報への前向きな接触行動をつくり出す作戦。そこにはターゲットごとにそのメッセージも変えていくという丁寧な対応が必要となってきます。

ただし、これはあくまで情報接触によって、ターゲットの意識が変わるのを期待するパターン。実は、昨今では、〝強制自分ゴト化〟とも言うべき施策も出てきているので、事例で紹介したいと思います。エクアドルでアルツハイマー症の認知啓発のために行われた「Alzheimer Experience」というプロジェクトです（カンヌライオンズ2012 PR部門ブロンズ受賞）。

よく疾病啓発などで「○○に気をつけて」「実は怖い病気なのよ」などの情報が発信されますが、確かにその時に聞くと何となく「大変そうだな」と思うものの、やはり実体験がないためイメージしにくく、〝自分ゴト化〟しづらいことがあると思います。そこでこのプロジェクトでは、アルツハイマー症の特徴である〝記憶障害〟について、生活者に実体験させることで、「これはやっかいな病気だ」「自身で気づいていなくても、そうなっていることがある」と実感してもらうことを狙ったのです。

その舞台として選ばれたのが、エクアドル最大手のスーパーマーケット。通常の商品陳列を1日で一気に配置転換したのです。前回来店した時とまったく異なる陳列棚

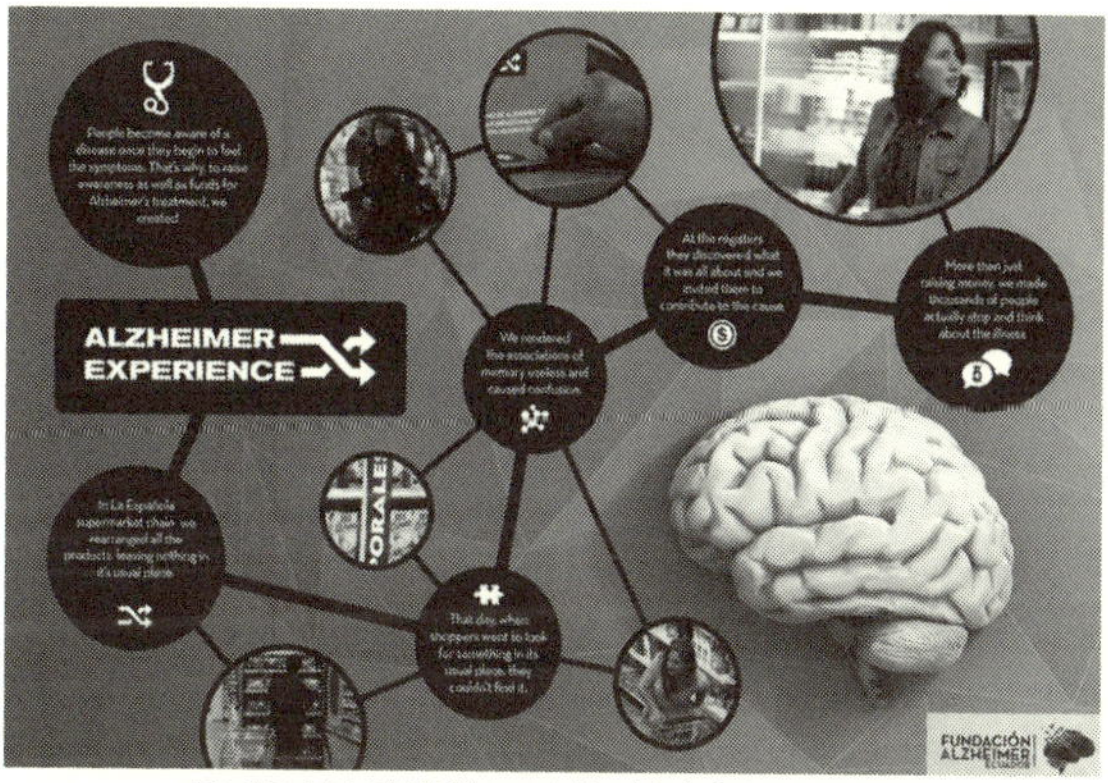

カンヌライオンズ 2012 にエントリーされた「Alzheimer Experience」のプレゼンテーションボード。捜し物をしている右上の女性が象徴的である。

に「あれ？　確かあれはこの辺りにあったはずなのに……」と自分の記憶を疑い出す来店客。中には記憶とあまりに異なっているので、ほしいものがどこにあるかわからず怒り出す買い物客も。アルツハイマー症が誰にでも起こり得ることや、その深刻さを感じてもらうために行ったこの仕掛けについて、買い物の最後に辿り着くレジ近くで趣旨説明が行われ、最終的に来店客の理解促進を獲得し、併せて寄付を募りました。

仕組みとしても工夫されていると思いますし、まさにその体験は「誰かに話したくなる」ものになっていたと思います。症状を訴えて「大変だよね」と、そこで寄付のみをする、というある種独立した行為で終わるのではなく、これをきっかけに、そのような社会問題を話し合う機会をつくり出したことが評価に値すると思います。

4

ソーシャル・メディアへの対処法

ソーシャル・メディアは情報回流のインフラ

ソーシャル・メディアへの対応が叫ばれて久しく、ソーシャル・メディアを活用して積極的な情報発信を行っている企業も存在しています。しかし、ソーシャル・メディアを情報発信ツールとして利用した場合、実際にアクセスが多いことだけで成功したと言えるのか、という点については、ＰＲの広告換算値と同様、まだ正しい評価指標がない状態です。一体どのくらいの「いいね！」があれば成功なのか。５０００で良し、と言う人もいれば、５万と言う人もいます。これもいずれ基準値が出てくるのかもしれませんが、面白アプリなどで無理やり集めた「いいね！」に、果たして価値があるのかどうかといったことも、非常に判断が難しいところです。

そこで、私はソーシャル・メディアを「生活者間の情報回流を促進するインフラ」として捉えたいと思います。そこに投げ込まれた情報がどのような相関関係で流通していくのかを把握することこそが重要だと思うのです。

Webニュースでネット上の「情報流通構造」を知る

ソーシャル・メディアを情報流通のインフラとして捉えたとき、我々はその機能に頼れば自動的に情報拡散がなされるであろうといった、幻想を捨てねばなりません。その機能に依存せず、どうしたら情報が効率的に、また効果的に流通、拡散していくのかを理解しておく必要があります。そもそもソーシャル・メディアは人を介して情報が受け渡されていくわけで、一時的にでも生活者がその情報に触れ、何かを感じ、そして誰かに伝えようと判断する一連の評価活動がここでなされていると見るべきです。その評価いかんによってその情報が次のルートに流れていくのか、そこで滞留してしまうのかが決まります。よって、インフラに、いつ、誰が、どうやって情報を投げ込むのか、その性質や情報価値によって、拡散の規模と質は大きく変わってくるわけです。

ソーシャル・メディアでの情報流通を考えるには、いかにその先にいる生活者のインサイトに近づくことができるか、また感情的コネクションを構築できるかが大切です。例えば、2013年のカンヌライオンズでは、〝エクスペリエンシャル（体験型）〟という言葉がキーワードの1つとなりました。生活者が実際に体験することで感動し、その思いをソーシャル・メディアで拡散しようと思うような体験型キャンペーンが数多く実施され、実際にその主催者側との感情的なコネクションを構築できたプロジェクトが現れたのです。これらは、生活者からの共感を獲得し、またエンゲージメントを深めるような意義ある成果を収めています。このように、人が何を思ってその情報に接するのか、なぜその情報を拾い上げるという選択をしてくれるのか、そしてどのようなきっかけで情報をシェアしようとするのかなど、これらの要素をしっかりと把握し、PR活動に盛り込んでいくことが必要なのです。

一方、ソーシャル・メディアが情報を拡散するためのインフラという捉え方もあれば、情報を吸い上げるためのインフラとして理解することも重要です。そのインフラに回流している情報は一見、乱数表のように関連ないもののように思えますが、俯瞰して見ると、1つの大きな社会的動向として捉えることも可能です。つぶさに見ていけば、それこそブームの芽を見つけることもできるのです。もちろん、ソーシャル・メディアへの投稿一つひとつを定性的また、定量的な視点で分析することは大変な労力だ、という人もいるでしょう。しかし、そんな兆候をうまく抽出し伝えてくれるサービスも出てきています。それがソーシャル系メディアと呼ばれるWEBニュースメディアです。

「J-CASTニュース」や「ガジェット通信」、「ロケットニュース24」などがこれに相当しますが、さまざまなニュースや情報を世間話的に紐解き、生活者目線でわかりやすく、時には自身の意見なども交えながら伝えてくれるという特徴があります。これらのコンテンツは、読者にとって身近で理解しやすく、即座に人と語り合えるというメリットがあるので、ソーシャル・メディアに書きこむ際や、シェアする元ネタとしても人気があります。つまり、ミドル・メディアを押さえておくと、ソーシャル・メディアで話題になる可能性が高まる、ということでもあるのです。これらは今、企業の広報担当者やマーケティング担当者がこぞって攻略したい存在となっています。

またソーシャル・メディアで話題になると、登場するのが、いわゆる「まとめサイト」です。「NAVERまとめ」や「はてなブックマーク」（＝通称「はてブ」）など、ユーザーが一連の現象について、さまざまな情報を独自に収集して組み合わせ、またはブックマークすることで、情報をリストのように〝まとめ〟て提示してくれるサービスで、情報の並びがあまり誘導的でなく、非常に好感が持てます。このような情報集約センター的な存在はマスメディアにも情報源として重宝されるわけで、ここで盛り上がった話題がテレビのバラエティ番組などで取り上げられることもあります。そのような情報の流れを見ると、ソーシャル・メディアというインフラを介して、ネットからマスメディアまでが複雑につながっていることに改めて気づかされます。そこで我々が解き明かそうと思ったのが、これらの「情報流通構造」なのです。

この情報流通構造は、当社が数年前から意識して、その変化を追っているもので、大きく分けて2系統の情報流通経路が存在していると考えています。1つは以前からあるストレート系ニュースの流れで、情報源から発信された情報が、既存の報道機関などの電子メディアを経由してポータルサイトに届き、さらにはテレビや新聞などにも伝播するという流れ。もう1つが、前述したミドル・メディアを介してソーシャル・

ネット上の情報流通構造図

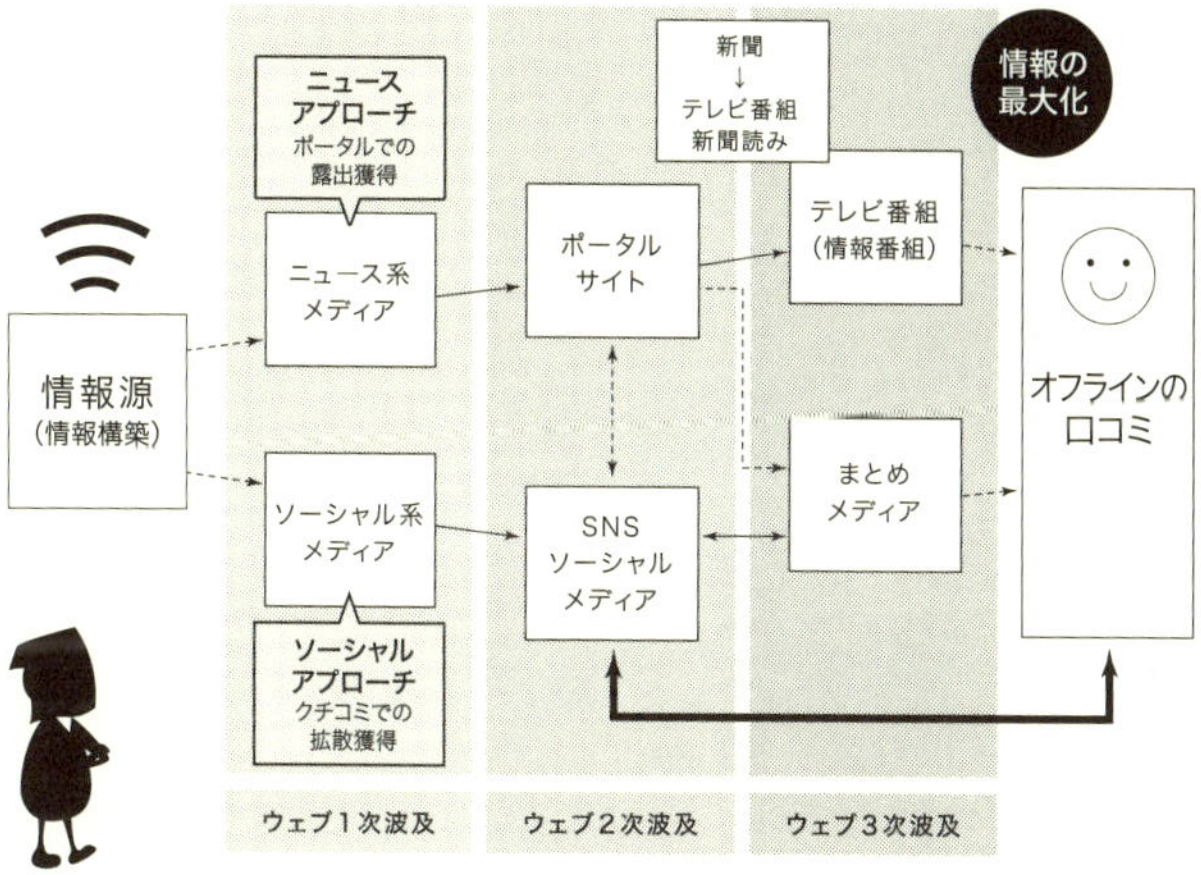

メディアで情報が拡散し、さらにまとめサイトで〝まとめ〟られて広がりを見せるというもの。今や、この2つは密接に関わりあっており、オフラインの口コミの輪を生むにはどちらが欠けても成り立ちません。もちろん、この情報流通構造の図は1つの例です。実際にはオウンド・メディアなどが介在し、これら大きな2つの経路の合間を縫って、さらに複雑に、マルチディメンショナルな情報流通が創り出されているのです。

これまでのPRでは、ニュース・メディアを主要なターゲットとした、プレスリリースの配信や記者会見が主な戦術となっていました。しかし今、ソーシャル・メディアの普及で、誰もがメディアになれる時代となり、ニュース・メディアから情報を受け取るだけではなく、生活者が自ら体験した情報を発信するようになりました。つまり、生活者が、コンテンツをつくり、自ら拡散したくなるような仕掛けをつくれば、おのずと情報は拡散していく時代となったのです。もちろん、その生活者の体験を補完するような情報発信も必要です。生活者における体験の場をつくり、ニュース・メディア、特にマスメディアを通した情報発信なども複合的に行うなどの情報発信の設計が必要な時代と言えるでしょう。

マスメディアでの情報発信、ソーシャル・リスニングも重要

生活者が自身の体験に基づいた情報発信をソーシャル・メディアで行う仕掛けづくりと、その補完として、マスメディアを通した情報発信が重要だと説明しました。

実際「αブロガーベスト30」などでリストアップされる方のブログを拝見すると、その発信内容パターンは大きく3グループに分かれており、補完としてだけでなく、

起爆剤としてもマスメディアを通した情報発信が重要であることがよくわかります。

①その日のニュースを取り上げ、自身の意見を述べるパターン
②自身の趣味であるカテゴリーに関して深く、継続的な発信をするパターン
③自身の日常生活で発生した様々な出来事を報告するパターン

比率は約半数が①のグループ、②③が1／4ずつといったところでした。すなわち、「αブロガー」と呼ばれる方々も、情報発信の起点としてはマスメディアの情報を使っていることが多いということです。もちろんそれぞれの考察は鋭く、「なるほど！この情報をこういう風に分析するんだ」と感心はしますが、さすがに社会に公になっていない情報を自身が取材してきてブログでお披露目するというのは、そうそうできることではないですよね。もちろん、欧米には個人的にジャーナリズムを貫こうとしている方もいて、メディア記者は彼らをライバルとして気にしているということを、海外メディアの記者から聞いたこともあります。

ただし、これは欧米におけるメディア記者のポジショニングにも起因することなのです。日本の場合、ジェネラリスト養成の文化があり、報道記者ですら定期的に部署異動を命じられます。新聞社の経済部担当の方などは早ければ2年で定期的に異動することもあるようです。これは取材先の企業との癒着を回避するためとも言われています。しかし、欧米の記者は〝一分野をいかに深く継続的に掘り下げられるか〟が評価となり、同様にその道に深い関心がある人なら、実際の記者よりも、より深い内容のブログが書ける可能性もあるわけです。このような環境が、αブロガーをネット上の個人ジャーナリストレベルに育てあげているのかもしれません。

そして、欧米ではこのようなネット上で大きな影響力を持つブロガーたちを「インフルエンサー」として捉え、通常のメディアと同等の扱いで接しています。ダイレクトに企業がブロガー個人に連絡を取って最新情報を提供したり、意見を聞いたり、はたまた記事の訂正を求めたり。恐らく欧米の文化だからこそ、このようなオープンな接触ができるのでしょう。今の日本では、ブロガーが書いた記事に対して企業の担当者が直接連絡をしてきたら、そのブロガーはかなりびっくりすることでしょう。

ただしFacebookのような実名によるSNSのさらなる普及により、日本でも、この辺りの状況が徐々に変わってくるのかもしれませんので、今後も注意して見ていく必要があろうかと思います。

このような状況を見ていると、ソーシャル・メディアによる情報発信をダイレクトに行うというより、マスメディアが報道したり、生活者が体験を通して創る「サードパーティ・コンテンツ」（第3者情報）を流通させるほうが有効だと思います。ダイレクトな情報発信というのは、様々なリスクを生む可能性も抱えていますし、その手間は膨大です。もちろん日々、企業の広報担当者が何かしらの情報発信ができればいいのですが、これまで私が受けた相談の中では、「そういう絶え間ない情報発信でファンを増やしたい」と考える一方、「自分では無理なので誰か肩代わりして情報発信してくれる人がほしい」となります。しかしこれまでTwitterなどで話題となった企業では、やはり責任を持って担当者がその役割を全うしたものが評価されています。担当者が情報発信の手間を惜しんでは、むろんファンの獲得は無理だと思いますし、半端な覚悟でやるのなら止めておいた方がいいでしょう。

ただし、「ソーシャル・メディアで自社がどう語られているのか」は絶対に把握しておきたいことです。様々な情報発信によって、メディアには一時的に露出したも

ソーシャル・メディアにおける情報発信・情報収集

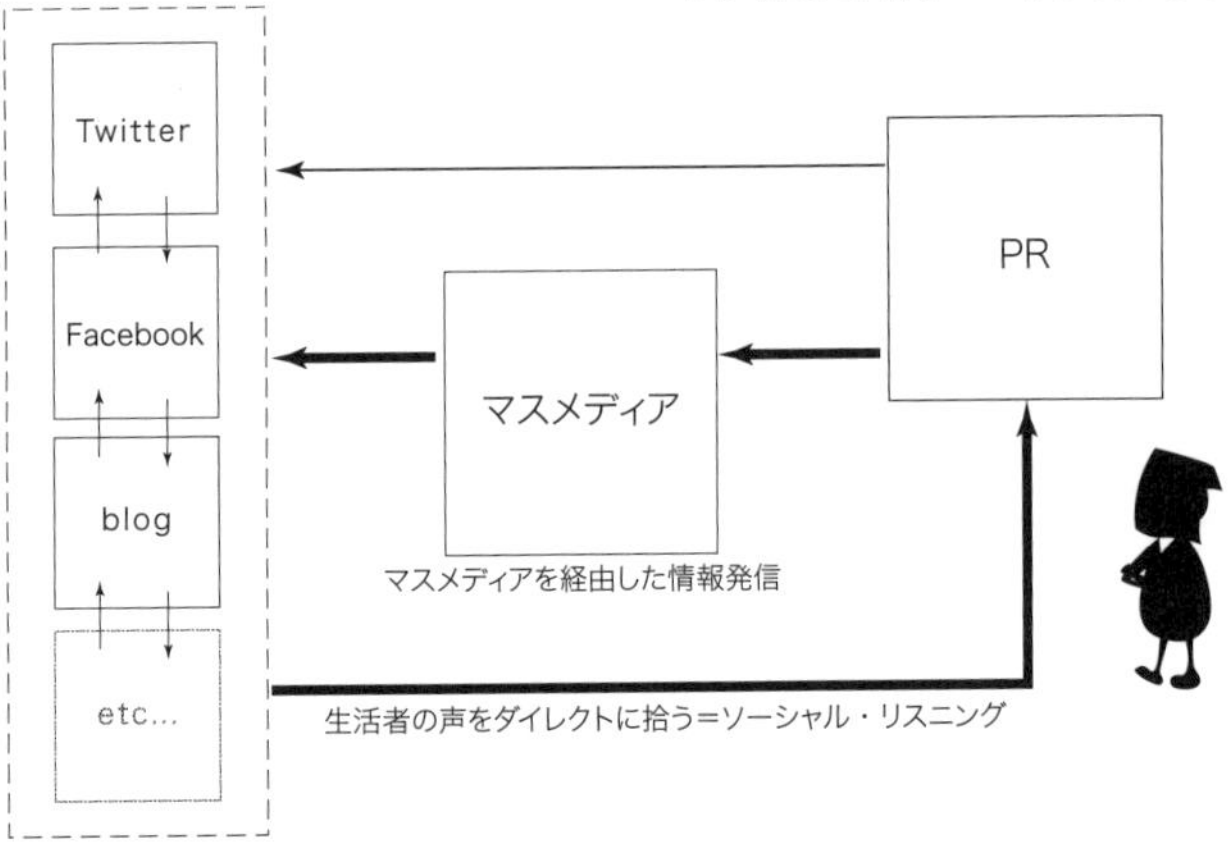

のの、それが実際にどのように生活者に理解され、また評価されたのか。記事に載って情報が生活者に届く、という評価もさることながら、その載り方によっては生活者にプラスの影響を及ぼしたり、あるいはマイナスの影響を及ぼしたりするでしょう。メディアによってはあまり深い話も書かれずに、非常に浅い情報で伝わっている可能性もあります。そういった情報発信が最終的にどのように生活者に影響を及ぼしたのか、これはまさにカンヌライオンズの評価基準「Change Minds（＝意識変化）」「Change Behaviors（＝態度変容）」「Engagement」とリンクしてくるはずです。

ソーシャル・メディアへの対応を考えた場合、情報発信はマスメディアを通じて行うのがまずは有効。しかし生活者の声はソーシャル・メディアからダイレクトに拾っていく（＝ソーシャル・リスニング）という活動をぜひお勧めしたいと思います。

では、ソーシャル・メディアのような次々と状況の移り変わる環境下でどのようにその反応を拾っていけばいいのでしょうか。

我々が提唱しているのがソーシャル・リスニングを活用した「スモールＰＤＣＡ」です。つまり1週間程度という短い期間でソーシャル・メディア上の生活者の反応を拾い上げＰＤＣＡを回すということです。発信された情報のうち、ソーシャル・メディア内でどのキーワードが刺さり、またどの層が共感しているかを見極め、そこで得た知見を次の施策に反映させていくのです。

実際の作業サイクルを例に見てみると、情報発信を起点とする当日を含む2～3日程度の期間に、カキコミ等の内容における「ポジティブ・ネガティブ」「使われたキーワード」などを拾い上げ、その影響度を分析するというものです。非常にタイトでスピードを要する作業ですが、やってみると納得感のあるデータが上がってくるのも事実です。

これによりメディアへの露出にとどまらず、その情報に接触した生活者がどのような発言、行動を起こしたかをリアルタイムで見ていくことができるわけです。もちろんこれが生活者行動や発言の全てとは言えませんが、代表的なリアクションを知るには充分です。刻一刻と変化する市場を追う場合、常にキャンペーンに併走しながら状況把握と分析を行う「スモールＰＤＣＡ」を行うことが有用であることは間違いありません。

ムーブメントをつくるストーリーを投下

前項でソーシャル・メディアにおける情報発信はマスメディア経由が有効と申し上げましたが、ダイレクトな情報発信で成功している事例ももちろんあります。その成功のカギを握っているのが情報伝播しやすいストーリーと、そのストーリーを具現化したビジュアルの活用です。

ここで再度カンヌライオンズ２０１２のＰＲ部門受賞エントリーからいくつかそ

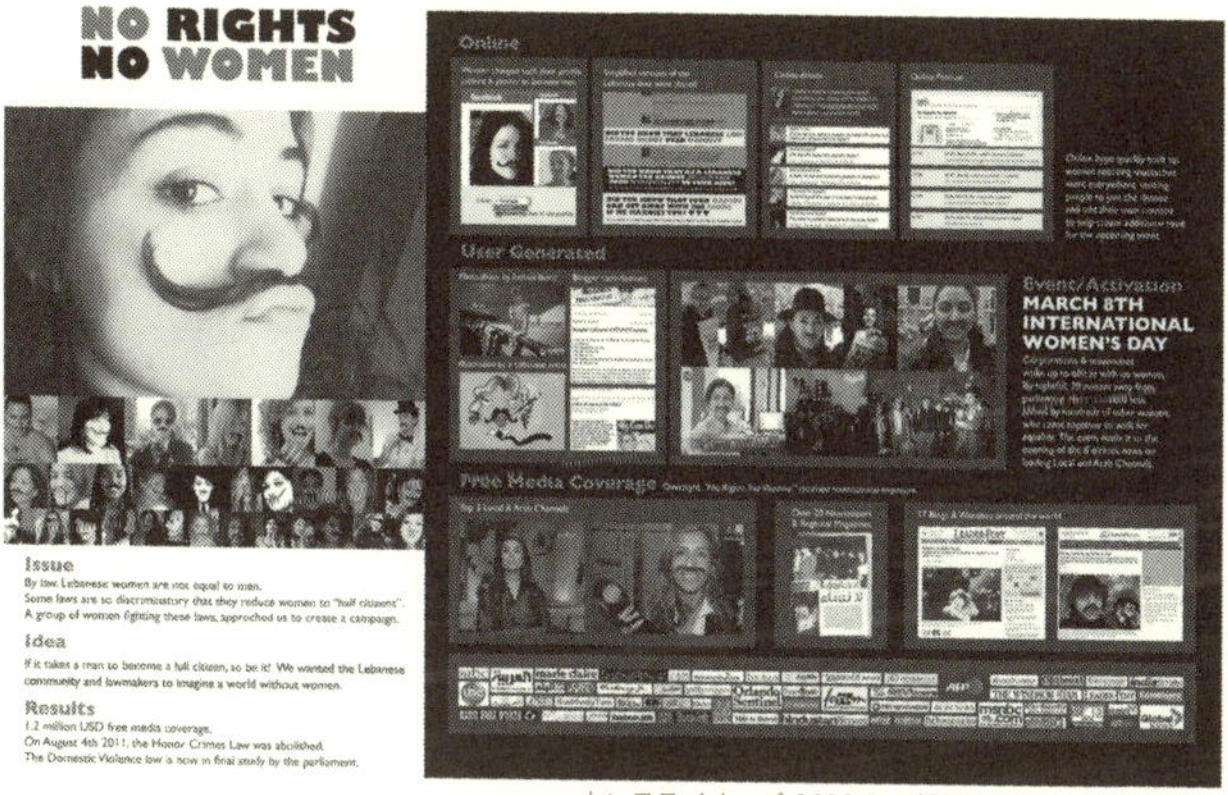

カンヌライオンズ 2012 ＰＲ部門でゴールドを受賞した
「No Rights, No Women」のプレゼンテーションボード。

の成功事例を見てみましょう。例えば、レバノンで展開された女性の権利を確立するための「No Rights, No Women」キャンペーン。レバノンでは男女同等の権利がなく、女性に不利な法律がいまだ残っています。この差別を是正するため、3月8日の「国際女性デー」に先駆けた1ヶ月前から、Facebook 上でキャンペーンを展開。「女性に対して相応の権利を与えてくれないなら、私たちは女性を辞める（＝No Rights, No Women）」というメッセージを掲げ、レバノン男性の象徴である「口ひげ」をつけ、「Facebook 上におけるプロフィール写真を差し換え、性別も男性に変更し、その差別撤回を訴えました。

「国際女性デー」当日には、議会の回りに数百名の女性が男装して集い、その情景のインパクトから、多くのメディアに取り上げられたのです。その結果、7ヶ月後には女性不利の法律は廃止され、DVを禁止する法案についても、議会で議論されるまでになりました。

もう1つSNSを使った事例として象徴的なものを挙げてみましょう。

事例「#MillionHoodies for Trayvon Martin」

※カンヌライオンズ2012 PR部門にてシルバー受賞

黒人少年トレイボン・マーティンさんが米国フロリダ州で地元自警団に射殺された事件で、正当防衛だと主張する白人男性を警察が逮捕しないことに対し、当時のマーティンさんと同じ〝パーカーのフードを被った服装〟で、抗議活動を展開。その格好でSNSへの投稿などが呼びかけられ、多くの署名が集まった。これに連動し、オバマ大統領もコメントするなどし、容疑者の逮捕にまでつながった。

これらは、政治的背景などの制約があり、当初、マスメディアで報道してもらえない状況下にあったことからソーシャル・メディアを活用した事例です。これだけの影響力をもたらしたのは、誰もが支持せずにはいられないストーリーがあり、またビジュアル的な統一感によって、メッセージを非常に印象的に伝えることができたからでしょう。同一ビジュアルの人や物が多数集まるとインパクトがありますし、街中で見かけても何をしているのかが端的にわかりますよね。

このような社会課題は、生活者の賛同を得やすく、ソーシャル・メディアでより大きなムーブメントを起こしやすいと言えるでしょう。

一方で、マーケティング・コミュニケーション領域でも、SNSにシェアしたくなるようなモチベーション喚起の施策があります。それがオーストラリアで展開された「BYO Cup Day」(Bring your own cup day)です。

これは、オーストラリアのセブン-イレブンが、アイスドリンク「スラーピー」の売り上げ活性化・ブランド強化を狙ったキャンペーンで、「自分の好きな入れ物で、いくらでもスラーピーを飲んでいいよ」という宣言をするものです。それを聞いた生

カンヌライオンズ 2012 ＰＲ部門でシルバーを受賞したセブン - イレブン
「BYO Cup Day」のビデオより。カップの個性を競い合って楽しんでいる。

活者は、若者を中心にバケツ、トロフィー、果てはマネキンまで、おもしろカップ（?）持参で行列をなし、その様子が参加者それぞれのＳＮＳで拡散されました。もちろん瞬く間に売り切れ店が続出。

これは、しばらく生活者の中で忘れられていた商品への再接触を促すきっかけをうまくつくり出し、また、「いくら飲んでもいいよ」といった粋な計らいで共感を生み出したところがポイントと言えるでしょう。シンプルなアイデアですが、結果が予想しづらいところもあり、いざ実施するとなれば相応の覚悟が必要ですね。クライアントの英断ありきの企画とも言えるかもしれません。

しかし、常に自分のSNS用に何かしらのトピックスを求めている生活者の気持ちにうまく合致した取り組みだと思います。「おれだったらこんな面白いカップで飲んじゃうぜ！」とアピールしたい若者が集結、そこに大きな意味があるわけではなく、「スラーピーって粋なことしてくれるね！」という共感を生み出し、ついでに「久々に飲んでみたけど結構おいしいね」といった再体験も生み出しています。実はこのキャンペーン、次年度も対象国を広げて展開されたとのこと。確かに積極的に参加してみたくなるイベントですし、「参加するなら仲間と行きたい」と複数の生活者を動かすような仕組みになっていたと思います（自身ではなかなか自分の写真は撮れませんからね）。

コア・ファンへのダイレクトなアプローチを試みたスターバックス

スターバックスが１９９６年の日本進出以来、16年を経て国内１０００店舗の出店を目前に控えた時、アイデンティティ再強化策として〝原点回帰〟をスローガンにキャンペーンが実施された事例をご紹介しましょう。

☒右脳＋左脳で納得させる

スターバックスにとっての原点回帰とは、コア商品のドリンクのベースになる〝エスプレッソ〟のクオリティを再度磨き上げ、その確かなおいしさをもってさらなるファンの獲得・定着を図るということ。いわば1000店舗という大台を1つのマイルストーンとしながら、このキャンペーンを起点にロイヤル・カスタマーの維持・拡大を図ろうというものでした。

もともとスターバックスはCMによるプロモーションは行っておらず、スターバックスの店舗内コミュニケーションと、Webサイトや Facebook などを含めた online owned media のコミュニケーション、そしてPR活動という3つのコミュニケーションを、コンセプトの共有によってリンクさせていく取り組みをしていました。そして、今回、〝原点回帰〟をコンセプトに、PRにおいては新たなコミュニケーションの施策を検討しました。それはスターバックスが本気で取り組む「新たなエスプレッソのおいしさ」を、深くお客さんに伝えるための期間限定オリジナル店舗（「コンセプトストア」）「Starbucks Espresso Journey（スターバックス エスプレッソ ジャーニー）」

だったのです。

この店舗は、これまでのデザインコンセプトとは一線を画したもので、一見何の店舗なのかわかりづらいものでした。しかし、東京・表参道の少しはずれたところに出店しながらも口コミで多くのスターバックスファンが連日押し寄せ、行列し、22日間という短期間にもかかわらず2万人超の来店を達成しました。既存店舗の1日平均来店者数は500人程度なので、通常店舗よりも短い営業時間の中でのこの数字は驚異的と言えます。

では、ただ単にもの珍しいからお客さんは訪れたのでしょうか? この店舗には、当初掲げた〝原点回帰〟というコンセプトに基づき、スターバックスのエスプレッソドリンクのおいしさをしっかり伝える仕掛けがあったのです。それは、右脳+左脳の両方で同時においしさを認識してもらうことで、これまでにない記憶を残すというものです。

通常〝おいしい〟というのは食べて、飲んで、感じる感覚的なものです。また、他人からの情報で「あれはおいしいらしい」と思うのは情報からの想像であり、それは自身の中でつくり出す一種の仮想認識だと思うのです。実際の体験（右脳）と他人からの情報による理解（左脳）を同時に提供したい、ということで計画されたのがこの店舗なのです。

実際の店舗は、壁一面に本棚が設置され、そこに9種類、約1万4000冊の本が並べられています。並べられた本は9種類それぞれ異なるコーヒー色のカバーで覆われており、店舗の端から端まで見ると、9色のグラデーションとなっていることがわかります。その本自体には何も書かれていないのですが、ブックカバーにそれぞれのカラーに即した、おなじみのスターバックスのエスプレッソドリンクのこだわりが記されているのです。そしてこのブックカバーがオーダーシートそのものとなっているわけです。

お客さんは本のカラーを見比べつつ、飲みたいドリンクの本を選びそれをカウンターに持って行きます。すると新しいブックカバーと共に選んだ本のドリンクが手渡され、今自分が飲んでいるドリンクを味わいながら、そのドリンクがどのようなこだわりや工夫をもって、日々つくられているのかを知る、という具合です。「あぁ、そんなにこだわっているからここまでおいしいのか」と舌に残る味覚と、目から仕入れ

コア・ファンが行列をなした期間限定オリジナル店舗
「Starbucks Espresso Journey」。

ブックカバーがオーダーシート。

4. ソーシャル・メディアへの対処法

た情報を合体して「おいしさの理解度」を増すようにするというわけです。

通常の我々のPRでは、新しい商品が発売された時などは、その楽しみ方や商品特徴をマスメディアへ情報提供し、露出を通じて生活者に伝えるのが一般的な手法ですが、今回は、「その味を生み出す拠点である店舗で、お客様にダイレクトに伝える」というまさにエクスペリエンシャル（体験型）な手法を選んだわけです。

この情報接触の場づくりというのは、情報接触における効果に大きな影響をもたらすものと我々は考えています。その意味で、スターバックスファンに企業のコアとなる部分を伝えるには、やはり店舗で、しかも少し特別感のある店舗でこれを実践したいと考えました。その反響はコア・ファンを中心につながったSNSで瞬く間に広がり、その結果、毎日行列ができ、また連日のように通ってくれたファンもいました。

⊠モチベーションを上げるインターナル施策としての効果

もう1つの特筆すべき効果は、全国のスターバックスの「バリスタ」と呼ばれるスタッフが交代でこの店舗を担当することで、1つのモチベーションアップにもなったことです。つまり、そうしたロイヤル・カスタマーに接することで、スタッフ自身の仕事へのロイヤルティも向上させることができたのです。当然のことながら、その気持ちは今後の仕事の質を向上させるはずです。店舗を通じ、ファンとスタッフがお互いにとっての貴重な体験をすることができたのだと思います。

また、限定店舗による関心喚起により、スターバックス全店でのエスプレッソ関連の売り上げは前年同期比で120％を記録。限定店舗運営終了後も平均105％の売り上げを果たすという実成果も生まれました。

さらに面白いのは、この店舗の評判を、スターバックスのシュルツ会長が「ウォール・ストリート・ジャーナル」の記事で知り、通常店舗のデザインコンセプトを大きくはずれたこの店舗の取り組みを叱責するのかと思いきや、「このような制約にとらわれない新たなチャレンジを大きく評価したい」と自らメッセージを日本法人に送ってきたことでした。その想像を超えた新たなチャレンジに対して咎めるのではなく、逆に賞賛するという会長の姿勢が担当者たちのやる気を高めたのは言うまでもありません。

このように「PR＝マスメディアの活用」だけではなく、伝える中身や対象によってそれぞれに適した方法や情報のルートがあると思うのです。それをいかにニュートラルに考え提案できるかということも、これからのPRパーソンが心しなければならないことなのかもしれません。

コア・ターゲットから戦略ターゲットへ

☒ターゲットの背中を押すのは誰なのか？　最大影響力保有者とは？

昨今、個々の生活者が購買行動において以前よりも非常に慎重になっているのではないかと感じることがあります。購買の決定までにかなりの時間を要し、さらに自身のみでは最終決定まで辿り着けない人が増えていると思うのです。そのような生活者は、自分の所属するコミュニティの「信頼を置く誰か」の意見に強く依存し、その意思決定を委ねるといった行動を取りがちです。

ならば、ターゲットとする「Aさん」に強い影響を与える、同じコミュニティに

コア・ターゲットの背中を押す戦略ターゲットを狙う

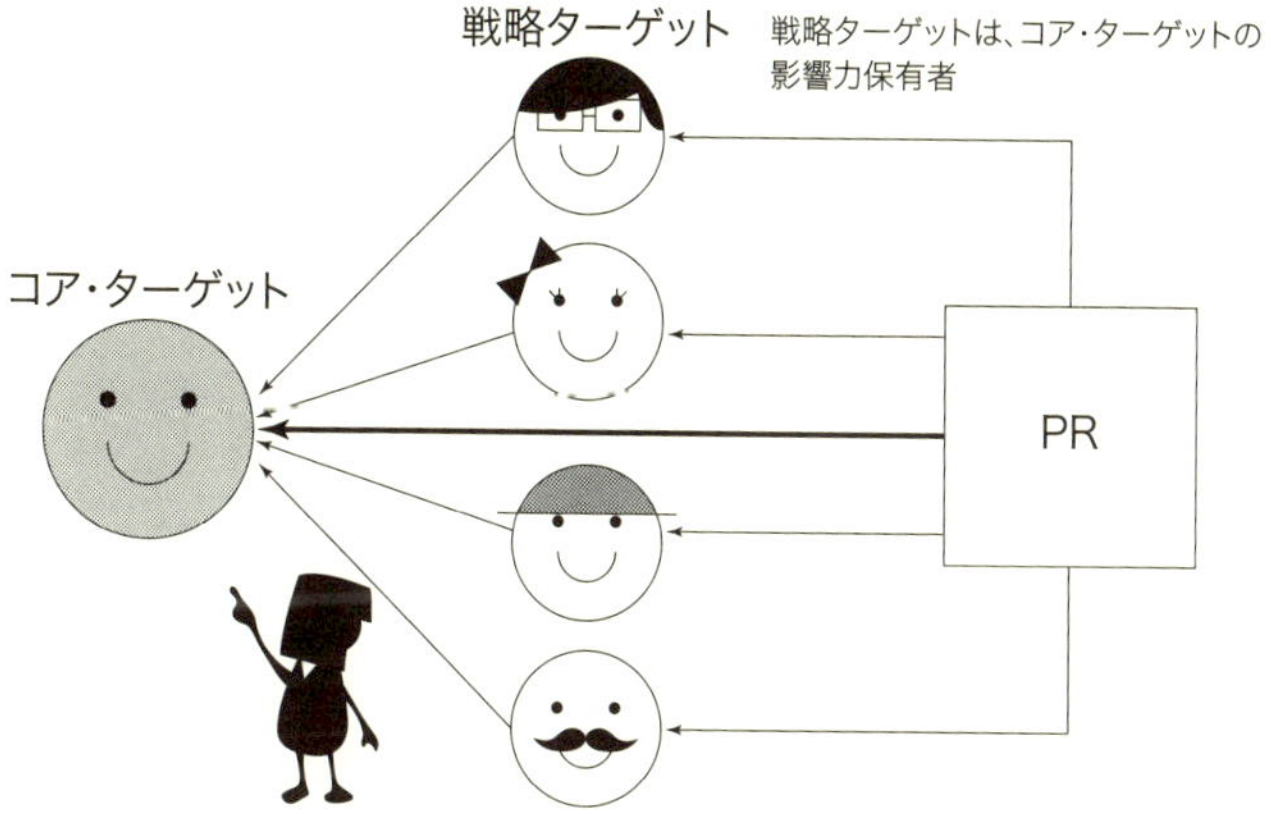

属する「Bさん」がメッセージをぶつける対象になることもあり得るのではないかと考えたのです。つまり、ターゲットというのは個々人というよりもそのようなコミュニティという塊で見るべきなのではないでしょうか。そこでここでは、実際に商品を買ってもらいたいと思う「コア・ターゲット（Aさん）」に対して、彼らを実際の購買行動に駆り立てるための情報を発信してくれるインフルエンサーを「戦略ターゲット（Bさん）」として定義してみたいと思います。

1つ事例を紹介します。

2008年、10年ぶりの改訂を迎えた「広

辞苑 第六版」のＰＲです。『広辞苑』によれば……」で知られた国民的辞書ですが、分厚く重い、そして高価な辞書を、「実際のところ学者以外に誰が買うのかな」と相談をいただいた時には思っていました。

事実、前バージョンである「広辞苑 第五版」の個人購買者層は、50代以上の男性がメインで、今回の予想される購読者もほぼ同様と考えられるとのこと。当然のことながら、この既存のメイン購買層であった50代以上の男性以外の新規層を開拓するという課題が浮かび上がってきました。

いわゆる「知る人ぞ知る」「プロの」辞書だけでは絶対的に売り上げが頭打ちとなります。「権威はあるが、誰にでも使える」辞書を目指して、それを象徴的に伝えていくにはどうすればいいのか、もちろん売り上げも上げていくという目標も共に、です。

そこで我々が設定した新規ユーザー層が、受験戦争に突入する小中学校の子どもたちでした。彼らを新たな利用者として位置づけ、その母親層に購買を検討してもらうというものです。先に申しますと、結果として見事、初年度販売目標30万部を予約期間２ヶ月で達成することができたのですが、一体どんなＰＲ戦略を設定したのでしょうか。

☒リポジショニングで広辞苑を〝自分ゴト化〟

実際、若年層においては、キャンペーンをスタートした当時でもかなりの普及率で電子辞書が使われ始めていました。既に電子辞書の使用もOKな高校もあったくらいです。そこで、まだ紙の辞書を使用している小中学生に対して、「辞書の最高峰」として「広辞苑」を意識づけようと考えました。とはいえ、1万円近くもする辞書です。彼ら自身が買うことは難しいので実購買層として狙うのは母親たち。しかも1万円もする辞書ですから、よほど教育熱心でないと難しいということで、中学受験を考えている家庭を想定しました。

そして、「教育」という視点で「広辞苑」を定義づけることにしました。「指でページをめくる動作が記憶と連動する」「調べたい言葉以外にも、その前後の言葉に自然と触れる」など「紙の辞書が学習に良い」ということは、当時の30〜40代の母親層にとっては自分が子どもの頃に散々言われてきたことで馴染みが深いはずです。しかし、小学生向けや中学生向けといった専門辞書も出ている中で、いかにしてこの「最高峰辞書」を手に取らせるのか。

まずは「広辞苑」を単なるツールとしての辞書ではなく、「国語力の拠りどころ」としてリポジショニングする作戦を立てました。

〝自分ゴト化〟を図るため、当時メディアでも多く取り上げられていた「子どもたちの日本語力低下の実態」を様々な調査を通じて情報発信していきます。当然、教育熱心な母親たちはこれを憂い、わが子の国語力が気になります。そうした現状を理解させた上で、紙の辞書を活用した「辞書引き学習」という画期的な学習方法を、教育現場において影響力の高い人物から語ってもらったのです。

その学習方法は、小学生のうちからわからない言葉があれば、どんどん辞書を引いて見つけたページに付箋をつけていき、その数が増えることで、勉強するモチベーションを向上させるというものでした。早い子はすぐに辞書をグレードアップしていき、小学3年生で既に「広辞苑」に行き着くという事実がありました。このように、「辞書引き学習」における最高峰の辞書として、「広辞苑」を提示し、「広辞苑を目指そう」という機運を高めたのです。

☒戦略ターゲットによる口コミ包囲

しかし、自分の子どもの国語力向上のために広辞苑が良いと理解した生活者が増えたものの、もう1つのハードルがありました。それは、購買を自分1人で決められない生活者が増えているという背景。コア・ターゲットの母親層が様々な情報に触れ、「あればあったで良いはずだ」と理解し記憶にとどめおいたとして、その後どう購買に踏み切らせるのか、ということがポイントとなりました。

マスメディアでの評判も後押ししてくれているでしょうが、もう一押し、何かきっかけがほしいところです。通常、1人の生活者に対して様々な生活動線で異なるメディア情報に触れさせ、購買へと導くというのがクロスメディアという考え方ですが、これに着想を得た私は、メディアを人に置き換えて考えてみました。つまり、コア・ターゲットに対して、より影響力の強い人（影響力保有者＝戦略ターゲット）を経由して情報発信してもらうよう設計したのです。今回で言えば、中学受験の子どもがいる母親層に影響力を持つ、祖父母、受験生仲間の母親たち、学校の先生、子どもということです。

びっしりと付箋がついた辞書。
小学生で既に「広辞苑」を使う子どももいる。

例えば、自分が実家に帰った時には、親から「せっかくの受験だし、なんなら買ってあげようか？」と言わせ、井戸端会議では「やはり紙の辞書が記憶にいいらしいわよ」と意見交換させ、「やはり子どもたちの国語力は確かに落ちていますね」と学校の先生に実感を持ってつぶやかせ、といった具合です。母親の周囲で様々な関係者が広辞苑を推奨する機会をできる限りつくり出したのです。

さらに、教育に権威あるインフルエンサーに「辞書引き学習」の効果を語ってもらい、そして子どもへの情報発信を通じ、彼ら自身が「やっぱりせっかくだから『広辞苑』がほしいな」とねだりたくなる環境を整えました。ここまで揃えば、買ってあげたくなるのが親心でしょう。

このように「コア・ターゲット＝母親」を取り囲むように存在するのが「戦略ターゲット」で、彼らからの情報発信で購買へと導く「口コミ包囲」式の情報発信は非常に効果的だったと言えるでしょう。

※「辞書引き学習」：
2006年に話題となった勉強法。立命館小学校教頭（当時）だった深谷圭助先生が提唱。

〈B to B〉から〈B to C to B〉へ

⊠「増えない消費」「上がる飼料費」で酪農家が経営危機に

さらに戦略ターゲットへの情報発信を組み込んだ事例を1つ紹介しましょう。

以前、牛乳の消費促進に関するPRをお手伝いしたことがあります。みなさんも思い当たるかもしれませんが、よほどの牛乳好きでない限り、小学校や中学校の学校給食が終わってしまった時点で、自ら牛乳を買って飲もうとする機会は極端に減ってしまうんですね。そのため、生産者団体やメーカーが様々な消費啓発キャンペーンを長年にわたり繰り広げていますが、それも残念ながら消費を上向かせるには至りませんでした。

そのような状況下、牛乳を生産する側である酪農家においても厳しい状況が続いていました。日本の酪農家の戸数は年々著しく減少しており、1963年のピーク時の

41万7600戸に対し、2006年では、2万6600戸と1／16まで激減していたのです。また、乳用牛の飼育頭数もピーク時の1985年と2006年を比較すると、132万2000頭から104万6000頭と、21％減少している状況です。

こうした生産体制の縮小傾向から、生乳生産量もおよそ10年間（1996年度〜2006年度）で、6・6％、約57万トン（牛乳1リットルパック約5億7000万本）も少なくなってしまっていたのです。

さらに、牛の主要な餌であるトウモロコシの価格が、2007年のバイオエタノール燃料需要の高まりにより1・5倍にも高騰し、酪農に必要な輸入飼料穀物・乾牧草の価格が急騰しました。原油高による燃料費の高騰も重なり、飼料代が40％を占める国内の酪農経営は今までにない窮地に立たされたわけです。

もともと酪農経営向上のために、2005年から「牛乳に相談だ。」の広告キャンペーンによる牛乳消費拡大に努めていた中央酪農会議でしたが、実際の消費量自体が上向くにはまだ時間がかかる状況でした。一方で廃業する酪農家が続出するなどの危機に直面し、30年来変わらなかった乳価の値上げ実現に向け、社会的な合意形成をPRにて目指すことにシフトしました。

☒乳価を上げるには、誰に働きかけるべきなのか？

ここで我々が定めたゴールは「乳価の値上げ」です。牛乳の消費も上がらず、牛を育てていくための飼料費は高騰の一途を辿っています。「消費を伸ばす」方法は長年続けていますが効果が見えません。また、「飼料を安くする」というのは、世界的な状況から高騰が発生しているわけで、自分たちだけではどうにもならず、先行きも見えません。そこで残された道が、国内での生乳の取引価格の値上げだったのです。

もちろん、中央酪農会議は、これまで過去30年間、幾度となく乳業メーカーに対する値上げ交渉問題に取り組んできましたし、一定の理解は獲得していました。しかし、乳業メーカーが理解を示しても、そのまた先の交渉先である流通・小売業界に対する値上げ交渉力が不足していたため、乳価値上げの実現には至っていなかったのです。

メーカーや流通にも言い分はあります。どの業界も価格競争は激化しているわけで、おいそれと原価上昇を認めることはできないでしょう。なにより、この30年間、小売側は牛乳を客寄せのためのセール品として「水」より安価な値段を設定してきていましたから、生活者においても「牛乳は安いもの」という固定概念が蔓延しており、値上げには敏感に反応するはずです。よって、小売側は生活者の利益を盾に価格の引き上げを拒み続けていたわけです。

☒誰が納得すれば乳価を上げられるのか？

そこで我々は、乳業メーカーが流通に対して行う交渉をサポートしていく戦略を練りました。すなわち、生活者の価格重視を口実に値上げを認めてくれない流通に対して、その口実をなくしてしまおうと考えたのです。そのためには、最終購買者となる生活者に対して「値上げ容認」の機運を醸成すること。これにより、生活者に直に接する小売側の頑なな姿勢を懐柔していくことを目指したわけです。

まず我々は、生活者に日本の酪農家の窮状を訴え、「乳価値上げ」の背景理解と合意形成を図りつつ、同時に小売側には、生活者における「値上げ容認の機運の高まり」をフィードバックしていく情報波及ルート、すなわち〈B to C to B〉戦略を設定しました。

情報を逆流させる〈BtoCtoB〉戦略

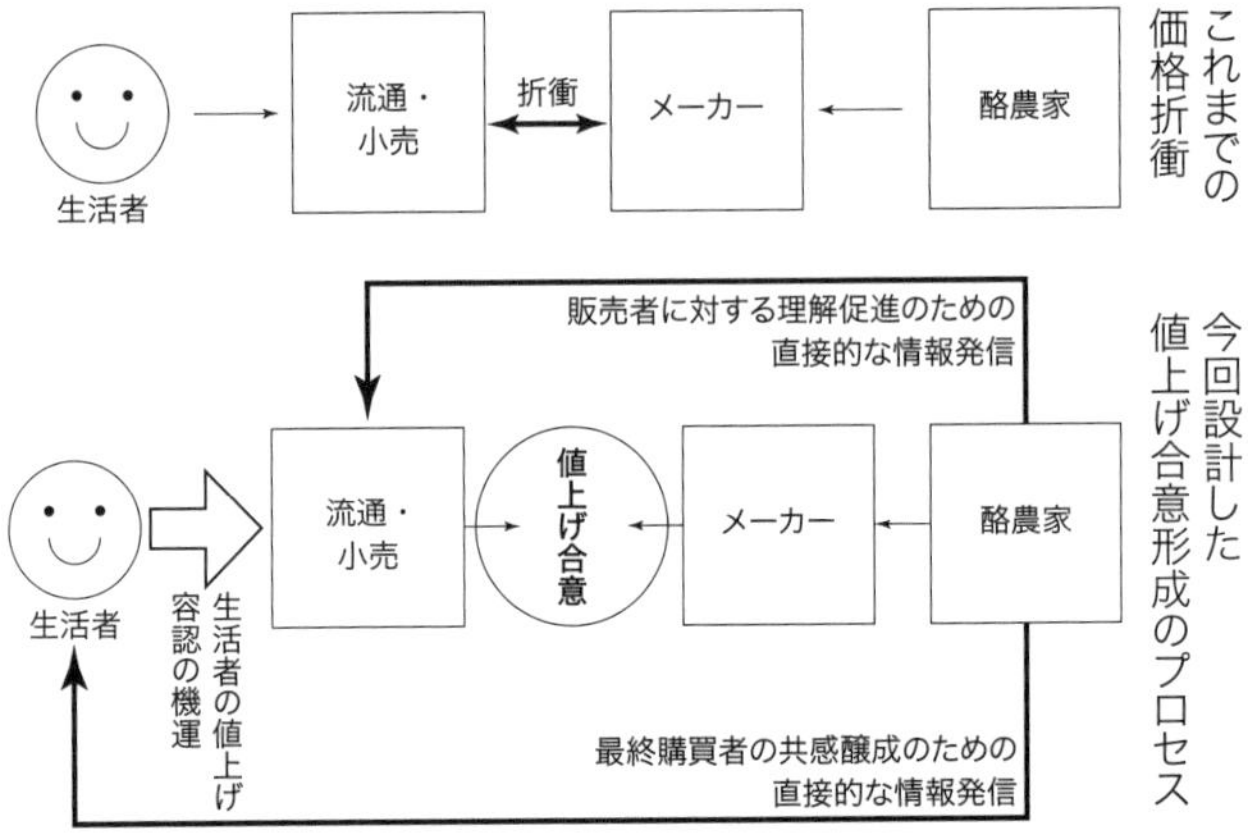

つまり、通常の情報流通とは逆の流れをつくり出し、生活者という外堀を埋めてから、小売の態度が軟化したタイミングで、乳業メーカーに小売との値上げ交渉を成立させるという戦略です。

ここでは、酪農家自身がその窮状を生活者に対してダイレクトに、情緒的に訴える街頭イベントを実施しつつ、これをきっかけに信頼度の高いマスメディアから客観的な情報を発信、生活者の共感の醸成を図りました。実際、これらの場で語られた酪農家の方々の生の声は、

「100頭まとめて、競りにかけられる場面を見た」

「牛乳をつくればつくるほど赤字」

「周囲の酪農家が次々と廃業していく」など、涙ながらに訴える酪農家の悲痛な声は、生活者の心に深く突き刺さるものとなったはずです。

一方で、牛乳値上げにおいて鍵を握る流通に対しても同時に対策を講じました。牛乳供給危機の事実をしっかりと伝えると共に、もし今後、値上げが成立し、実際の売り場で生活者から牛乳値上げについて聞かれた時にも、彼らがその理由をきちんと答えられるようにしたのです。これには、売り場の責任者をメイン読者に持つ流通業界誌が主催する「流通・小売バイヤー向けのセミナー」にて説明を行うことで対応しました。

☒価格のみならず、「品質」についての理解を得るために

この活動に伴い、生活者における価格への容認姿勢は向上してきましたので、次に、よりそれを強いエンゲージメントにできないかを考えました。それには生活者が牛乳に対して何を望んでいるか、というインサイトが必要です。もちろん価格は安い方が

いいはずですが、どの食品にせよ、今も当時も生活者が求めているのは「安さ」よりも「食品の安心・安全」だったということだと思います。

そういった視点から今回の酪農家経営崩壊の進行によって危惧される状況として、安心・安全な国産１００％牛乳の安定供給ができなくなってしまうかもしれないということが、生活者に対する大きな意味を持つのではないかという仮説を導き出しました。

実際、海外に目を向けると、生乳供給危機の不安は世界的な基調であり、乳製品輸出国であるオーストラリアの干ばつや、中国やインドなど、急速な経済成長の最中にある新興国における乳製品需要の急増とも相まって、国際需給も危機的状況と言えるほどの逼迫《ひっぱく》基調にありました。

その中で、日本は国産１００％の牛乳供給を実現しているにもかかわらず、その維持について理解、支持がない状態であり、これを知らしめることで生活者に「価格が多少高くても、やはり安心・安全な国産の牛乳を飲めることは大切だ」ということを理解してもらうことを狙ったのです。

☒ついに30年来の乳価値上げに成功

数多くのメディアでの紹介により、酪農家の窮状《きゅうじょう》に対する認知が向上し、そこへの支援の気持ちが社会で高まってきました。これによって、各ステークホルダーとの合意形成が図られ、最終的に30年ぶりの乳価値上げが達成されました。1年目の2008年4月には生乳価格3円／kgアップを達成、さらに2年目の2009年3月には要求金額の満額である生乳価格10円／kgアップを実現したのです。

また、2008年12月に全国500人の女性を対象に中央酪農会議が実施した調査によると、39%の生活者が、「以前よりも日本の酪農家の窮状に理解を示すようになった」という回答結果も出ました。

このキャンペーンは、アジア・パシフィックPRアワード2009で「パブリック・アフェアーズ」「B to B」の両部門の最優秀賞、及び最高賞の「キャンペーン・オブ・ザ・イヤー2009」を受賞しました。

「広辞苑」「乳価値上げ」のどちらの事例も、最終的なターゲットの意識変化・態度変容を促すために、直接的なアプローチだけではなく、「コア・ターゲット」に最も影響力を及ぼす「戦略ターゲット」を模索し、そこへのアプローチを手厚くしました。またその念入りな情報発信、生活者における情報蓄積のステップを緻密に設計したことが功を奏したのだと思います。

5

イマドキ
「戦略ＰＲ」の
ススメ

ＰＲはファクトありき

イマジネーションを活用できる広告と異なり、ＰＲではファクトありきです。伝えたいイメージをコピーライティングや映像によって魅力的に紡ぎ出すのではなく、もともと商品やサービスが兼ね備えているベネフィットをいかに伝えていくか考えるわけです。

これは、これまでの一次情報提供対象がマスメディア中心であったということにも起因しているかもしれません。なぜならマスメディアは「事実報道」しかしないからです。

デビューする新商品や新サービスの全てが「すごい」と思われるベネフィットを有しているわけではありませんが、メインターゲットに設定するそれぞれの生活者に対して、何かしらアピールできる「部分」があるはずです。ＰＲパーソンの目利きというのは、この「部分」を見つけ出すことにあると言っても過言ではありません。新商品をあらゆる角度から見て、小さくてもある属性の生活者にならら「すごい」と言ってもらえるようなファクトを抽出するのです。

例えば、「殺菌能力に優れ、衣類の臭いを防ぐ大型洗濯機」があるとしましょう。この商品をぱっと見た時に「誰向け」の商品と思いますか。

「洗濯機を使うとすればファミリー層がメインかな」「子どもが部活をやっていると臭いとか気になりそうだから、中高生の子どもがいる家庭」「大型なので子どもは2人以上の家庭かな」などと想像すると思います。もちろん、このようなファミリーがメインかもしれません。でも少しターゲットを広げて売ってみたいよね、と思った時に何か他に打ち出す方向性がないでしょうか。

例えば、「ファミリーでなく、1人暮らしのもっと若い世代」に、この大型洗濯機を買ってもらうにはどうすればいいでしょうか。

例えば1人暮らしの働く女性がいたとします。この女性の生活環境を想像してみましょう。例えばこうです。

1 「今、どこの会社も人を最低限に抑え、その中でなんとか業務を回していこうという状況にあります」

2「女性も男性同様、最前線で働く人も増え、残業も多いかもしれません」

3「日々、時間が足りないというのが口癖になっていたりします」

4「食事も毎日外食が当たり前。家事をする時間も平日はほぼありません」

5「買い物、掃除、洗濯は週末にまとめて、という人も多いようです」

6「実は、1人暮らし用の洗濯機というのは、容量が少なく、まとめて洗濯するには向いていないという声も多く上がっていました」

7「また、天気に合わせて洗濯する、という時間調整が1人暮らしでは融通が利かないことが多く、雨の日でも洗濯して部屋干しする人も多いようです」

8「部屋干しすると雑菌が繁殖し、独特のイヤな臭いがしますし、一度臭いがつくとなかなか取れず、お気に入りの洋服をダメにしてしまうという悩みも多いようです」

どうでしょう。この1人暮らしの女性に、「防臭・大型洗濯機」がぴったりに思えてきませんか?

ただし、これはあくまで仮説でしかありません。こういった状況にあれば彼女もこの製品を選ぶかもしれない、という想像でしかないのです。

そこで、次のステップとして、仮説で導いた生活者のベネフィットを裏づける客観的データを集め、それらをまとめてファクトとすることで、メディアに対して訴求していくことが可能になるのです。

受け手によってファクトをアレンジ

☒メディア別にニュースリリースを変える

せっかく見いだしたファクトも、コア・ターゲットや戦略ターゲットの特性、または情報発信してもらうメディアの特性に沿ったものでなければ意味がありません。

ここで事例をご紹介しましょう。まず1つ目が2011年、新千歳空港のリニューアルオープンをお手伝いした時の情報発信についてです。

空港のリニューアルと言えば、ニュースリリースの基本は施設の説明がメインになります。フロアの拡張に伴い、どのように利便性が上がったのか、どのような飲食店・土産物店が増えたのかなどが主要な情報となるのが一般的です。

しかし、このような情報は、実際に空港を利用することが多い人にはメリットのある内容ですが、メディアによっては報道する意味があまりない場合もあるのです。

そこで、メディア別の視点でこれを見てみました。もしこの空港のリニューアルをニュースとして取り上げてもらうなら、どのような切り口があるのか。そこで浮かび上がったのが、次の3つでした。

「空港リニューアルが北海道にもたらす経済的効果」
「人気の北海道スイーツに、さらなる新商品登場」
「最新空港を起点とした北海道まるごと満喫プラン」

実はこの3つは、「経済ニュース」「朝や昼の情報番組」「週末の旅関連番組」といった、テレビで取り上げてもらうために設定した切り口です。

これらの視点による取材を狙い、それに即した周辺情報なども盛り込みながら提供資料を作成していきました。

空港リニューアル後に期待される経済データを算定することで経済ニュースとして扱いやすくなったり、初登場のスイーツ店舗のバックグラウンドを詳細に書くことで情報番組でのワクワク感を出したり、旅番組での扱いも単なる施設ではなく、北海道の旅全般を楽しくする起点として見せていくことで取り上げられる時間を延ばしたり。

そういった理想の露出像を想像しつつ、「どんな情報があればメディアに喜んでもらえるのか」を先回りして用意することが、情報提供者と取材者のWIN－WINの関係をつくり出すのです。

このように少しでも取材側の手間を省くニュースリリースをつくることが、情報提供側にも求められています。

「取材はメディアの視点でやってもらうべき」という声も聞きますが、メディア側もこの情報氾濫時代に手が足りなくて困っているのは間違いなく、そこにどれだけ丁寧に接していけるかが、今後重要になってくると思います。

事例：「2010年、銀座三越リニューアルオープンの情報発信」

銀座のイメージリーダーであり続けてきた老舗の百貨店「銀座三越」。近年、銀座の人の流れも変わり、客層が変化する中で、歴史ある百貨店らしさを失わずにリニューアルしていくにはどうすればいいのか。彼らが選択したのは、銀座の街を訪れる来街者をターゲットとして広く取り込む戦略。

不便さを感じることのないように数ヵ国語対応の案内所を設けたり、休憩スペースがなかったので、憩いの場としての屋上庭園をつくるなど、工夫が詰まった設計を各フロアに施し、さらに各フロアに専任バイヤーを立てた。

そこでメディア向け情報発信ツールは、フロア毎の特徴をフィーチャーし、各メディアの属性に合わせ情報を組み合わせて提供。例えば、ファミリー向けの情報誌には、「子ども衣料フロア」をメインに屋上施設や親子休憩室等の情報を、女性誌向けには、「女性用衣料フロア」をメインにレストランフロア、食料品売り場での取り扱いスイーツ情報をセットするなど。セグメントされた読者を持つ雑誌には、ジェネラルな情報よりも、むしろ読者に近く、また深い情報発信が望まれる。

これらをはじめとするPRの結果、海外からの観光客やベビーカー連れの若いファミリー層が増え、百貨店としても最先端のポジショニングを得た。

☒取材先を創出する

一方で、今あるファクトをメディアに提供するのみならず、彼らが必要とするファクトを新たに創出する方法もあります。

例えば、よくあるのは食べ方の提案です。ありふれた食材でも、新しい食べ方を提案することでその存在が生まれ変わることも少なくありません。近年で言えば北海道生まれの「ラーメンサラダ」や「スープカレー」など、これまでとは違った食べ方が提案され、かなり根づいています。

とはいえ、「こんな食べ方もありますよ」といった情報発信だけでは、これを実践する生活者はそれほど増えません。むろん社会現象とまではならないでしょう。生活者はこれまで見たこともない食べ方をいきなり試してくれるかと言えば、答えは「否」です。

そこで、そういった食べ方をメニューとして提供してくれる飲食店などを探し出します。飲食店で提供されているメニュー、それも食べてみておいしいとなれば生活者も自分で試してみようと思ってくれるかもしれません。

これが、テレビや新聞、雑誌などで紹介されれば、お店に行って実際に食べてみようと思う人、簡単そうだから自分の家でつくってみようと思う人もいるでしょうし、はたまた「面白いから」という理由で友人に教える人も出てくるでしょう。

そんな取材先をつくり出した事例として、東京・池袋の東武百貨店にあるレストラン街とのコラボレーションを紹介したいと思います。

事例　「東武百貨店レストラン街コラボレーション」

東武百貨店池袋店のレストラン街「スパイス」は、都内随一の店舗数を誇り、来店者数や売り上げもトップクラス。和洋中の約44店舗を擁し、土日には各店舗とも行列ができるほどの人気で、有名店も数多くテナントとして入っている。

ここで仕掛けたのが「味噌の様々な楽しみ方」。味噌は全国に数多くの種類が存在し、地域によって違いがあるバラエティ豊かな食材。しかし何百種類もの味噌を家庭で味わうことは不可能。

そこで多くの味噌に触れてもらうために、「味噌は世界に通じるか」と銘打って和洋中各店の料理長が腕を競ってオリジナル味噌メニューを開発。通いつめれば約44種類の味噌料理を楽しむことができるフェアを開催。「フレンチ×味噌」「イタリアン×味噌」など、各店舗が威信をかけてつくり出す料理は味噌の新たな魅力を引き出し、前代未聞のクリエイティブな料理を誕生させた。

そして、これらのお店をテレビの取材先として活用。人気のお店、ユニークなメニューのあるお店など、いくつかの特徴的な店舗を紹介することで、メディア側も価値のある情報だと判断し、ニュースや情報番組で紹介。このメディア露出により、レストラン街自体の売り上げも前年比で1割増となり、またこの時に生まれた創作メニューが定番メニュー化したりと、クライアントであった味噌の協会も、東武のレストラン街側も満足のいく結果を導くことができた。

この事例の後日談として、味噌の協会に所属する各味噌メーカーの営業の方々が、「こんなフェアをやっています」と営業活動のきっかけにできたというお話を聞きました。

つまりは、コア・ターゲットである生活者による味噌の購買を増やすことも目的ですが、その前段として流通へのアプローチという視点でも、この施策は役に立ったということだと思います。実際に参加した料理長たちも、新たなメニュー創作というチャレンジを大いに楽しんだとのことで、モチベーションアップという効果もあったようです。

PRの目的、対象というのも1つではないのだなと強く気づかされた事例でした。

☒ターゲットが違えば響くファクトも違う

ここで、異なるターゲットに向けた情報発信という観点から、電通が行った新卒採用プロジェクトの1つを紹介しましょう。

時は2010年3月7日、汐留の電通本社ビルに、合わせて11個のメッセージが夜間30分ごとに描き出されました。これはビルのブラインドを開閉させて文字に見せるもので、狙いは、未曾有の不況下において厳しい就職活動に苦しむ学生に、この大きなビルの壁面で自分の夢を表現してもらい、社会人になってからの可能性に夢を持ってもらおうということ。「広告の面白さを知ってもらいたい」と電通の若手社員が企画したものでした。

メッセージはその年の就活生から募集し、全部で３４９９本のコピーが集まりました。そこから11本を選び、ビルに投影していこうというわけです。私は、この取り組みをマスメディアに報道してもらうためにプロジェクトへの参加を要請されました。

私が参加した時点で、コピーは50本程度に絞り込まれていたでしょうか。そこからさらに絞り込みを行って残った11本のコピーが並べられ、ＰＲの観点でどれがメディアに取り上げられやすいかという質問を受けました。採用の対象は言わずもがな「学生」で、11本のメッセージは学生ウケが良さそうなユニークなもので、「あの電通ビルに浮かび上がれば面白いだろうなぁ」と思わせるものでした。例えば、「うふふの連鎖」「モテるタイプを変える」「古墳ブームをおこす」など。ただし、それはあくまで学生にとっての面白さであって、私は記者に取材してもらえる気がしませんでした。

そこでメッセージの入れ替えをお願いしました。もう一度、最終候補に残らなかったメッセージからメディアに取り上げられやすそうなものを探し出し、再検討してもらったのが次の４つです。

『独り』をなくしたい」
「脱、草食。」
「父の会社をＣＭで救う」
「明日はもっとよくなる」

その選択基準は次の通りです。

①マスメディアは社会的な課題を世の中に伝え、問うていく姿勢が基本。すなわち社会的課題を背景として感じさせるメッセージが好ましい。
②そのような社会的課題も、もちろん昨今の世相に合っていなければいけない。

③未曾有の不況が続く中での就活苦ではあるが、メディアは暗い状況ばかりに記事が偏ってきた場合、逆の明るいネタも取り入れようとする。

これを先のメッセージに照らし合わせて説明していきましょう。

『独り』をなくしたい」

当時、「孤独死」という問題がメディアで多く取り上げられていました。不況によって生活が立ちゆかなくなり、親戚や知り合いもいないまま、それこそ餓死してしまう人たちが出てきたのです。近隣の住民もそのことを知らないまま、発見されるまでかなり日にちが経ってしまうなど、世の中の孤立感というものが際だって感じられる時期でした。そこに自分自身の就職活動にも苦労する学生が、就職したら世の中の「孤独」をなくしたい、という意志を掲げてくれるのは、とても「いい話」に思えるのです。当然、メディアの人も「これを世の中に伝えたい」と思ってくれるはず。そういう考えからこのメッセージを選んでみました。

「脱、草食。」

この頃大学生は、おとなしめでいわゆる草食系と言われていました。しかし、「今や、受け身じゃどうにもならないような厳しい社会になっているんだ」「草食系とか言われて、それを言い訳にしていちゃダメなんだ」「もっと肉食系でガツガツとパワフルに食らいついて行く時期だ」といった学生たちの覚悟が伝わるメッセージだと感じました。バブル時代のガツガツさが良いかどうかはさておき、学生自らが、その覚悟を決めて就活に臨むというのが世相に合っていると感じたメッセージでした。

「父の会社をＣＭで救う」

電通の本業である「ＣＭ」という言葉を使いつつ、「広告」そのものの効果や、「広告業界への期待」というものを学生たちが見直しているということをもう一度提示しておきたい、という考えから選びました。当時のような不況下では、みんなが保守的な道を選ぶため、公務員を目指す学生がとても増えていました。そんな中で、広告のような仕事でも、会社を建て直せるような効果をもたらすこともあるんだということを、世の中に感じてもらいたいと思ったのです。

メッセージ募集のポスター。

「明日はもっとよくなる」

やはり暗い話ばかりなので、「とはいえ、そんな状況下でも学生たちは明日を信じて頑張っているんだ。おれたちも頑張らなくちゃね」という意味で選びました。先の選択基準のところでも、メディアは暗い話から明るい話への転換点を探していると説明しましたが、まさにここを狙った「いい話」を持ってきました。

それぞれ、メディアが関心を持ってくれそうなメッセージになっていると思いますが、最後の一本「明日はもっとよくなる」を最終的には掲示からはずすことにしました。

なぜか？

プロジェクトのメンバーも「いいね、いいね」と言ってくれましたが、これを掲示するとなると「締めの一本」になるとのこと。とすると、その掲示時間はほぼ真夜中になってしまうのです。実は、電通ビルの表示を次のメッセージに変えるには30分かかるため、午後6時半から始めて夜中の0時で終わる計算で11本という数が決まっていたのです。

では、夜中の0時に「このメッセージを取材してくれ」と頼めるのか？　また、取材してもらったとして紙面の締め切りに間に合うのか？　このようにメディアをターゲットとして考えるとPR素材としては使えないと判断し、「そうであれば学生向けのものに差し替えてください」ということにしたのです。

メッセージ内容が取材に適しているか、というのはもちろんですが、やはりメディアの取材スケジュールを鑑みた情報発信設計を忘れてはいけません。これは、学生に向けたダイレクトなメッセージと、メディアの取材を目的としたメッセージで、中身も変わってくるという象徴的な事例の1つです。

自然伝播する情報流通構造を想像してみよう

☒Peer to Peer、Media to Mediaの情報流通を予測する

昨今、ソーシャル・メディアなどの発達により情報流通構造が激変しています。

BtoB、BtoCに加え、Peer to Peerというソーシャル・メディア上の情報伝播経

路（いわゆる口コミなど）があることはみなさんもご存じかと思います。ここでは、メディア同士での情報伝播（Media to Media）をご紹介しましょう。

例えば、「共同通信社」という大手通信社があります。彼らは独自の記者を抱え、新聞社と同じく日々取材を行っていますが、彼ら自身は取材で得た情報をダイレクトに生活者に届けるわけではなく、基本はそれを他のマスメディアに提供しているわけです（一部Ｗｅｂサイトを除く）。

主要な情報提供先は各地の地方紙やスポーツ紙ですが、国際ニュースや写真ニュースについては全国紙やテレビ局も購入していますし、映像ニュースを地方のテレビ局が購入していることもあります。

すなわち、１つの新聞社で取材をしてもらう場合と比較して、通信社の取材は１回の取材で主要中央紙、テレビの報道、地方紙・地方テレビ局など複数のメディアに取り上げられる可能性があるわけです（もちろんニュースの内容、カテゴリーにもよります）。先に紹介したＷｅｂポータルサイトでの情報流通構造のように、マスメディアにおいてもこのようなつながりが存在するのです。こういった経路を知りつつ、今我々はいかに効率的に情報拡散を図るかを常に模索しています。

たった一度の取材の機会しか与えられないなら、どのメディアの取材を受けるべきなのか、その影響度、拡散性、読者・視聴者の特性などを分析しつつ、そのプライオリティをつけていく必要があります。もちろん内容によって、各メディアの影響度は異なりますので、一律にメディアランキングが決まっているわけではありません。それを日々確認しながら、「今このネタでこのターゲットに届けたいなら、このプライオリティでアプローチするべきです」と、コンサルティングをするわけです。そして、その知見こそが、ＰＲパーソンの武器なのです。

ちなみに、テレビ番組間における情報伝播というケースもあります。例えば、朝昼の情報番組、あるいは夕方のニュース番組など、同じ時間帯の番組制作担当者は、常に他局のオンエア内容を横目で見ています。視聴率向上を目指している彼らとしては、少しでも重複したネタは避けていきたいところでしょう。数十分前に同様のニュースが流れてしまえば、可能な限り違うネタに差し替える、あるいは切り口を変えるなど、最大限の努力を瞬時のうちに行います。それはもうプロフェッショナルな世界なのです。

その一方で、他局でオンエアされた内容で自局にない、でも非常に面白いネタを横目で見つけてしまった場合はどうでしょうか。それを取り上げていなかったことへの後悔もありますが、逆にまだ展開の余地がありそうなネタであれば、少し視点を変えて、もっと掘り下げた内容でこれを別途取材できるのではないかとも考えるのです。それは自分たちならもっと面白くできるという自負もあるのでしょう。

私自身の経験では、メディアの注目度は高いと思っていたある記者発表会にテレビ局の取材が1局しか来てくれない時がありました。非常にニュースの多い時期で、事前の取材プロモート活動でもあまり発表の内容に深く触れることができないという制約もあり、恐らくテレビ映えする映像がどこまで撮れるかが想像しきれずに取材クルーを出せなかったのだと思います。非常に残念ではありましたが、我々はあきらめませんでした。「1局でも来てくれるなら最高の取材をしてもらおう。そしてそれが理想的な露出をつくり出せたなら、きっと他の局も後追いで取材してくれるはずだ」と考えました。

果たして、夕方の報道番組でこのニュースが速報で流れると、発表会が続く最中でありながら各局ディレクターから発表会場にひっきりなしに電話が入りました。「どんな内容なんだ」「これから取材できるか」「スタジオに持ち込みできるものはないか」「明日の朝の番組で使いたいので深夜でもいいから取りに行きたい」などなど。結果的に各局での後追い報道も多くあり、この仕事は大成功を収めました。

このように、1つでも、自身が考える理想的な露出を実現すると、その他のメディアがその情報価値に気づき、取材してくれるという情報伝播を引き起こす可能性が飛躍的に高まるのです。

⊠情報流通を加速する初期トリガーは必要

他にもMedia to Mediaの関係を見ると、テレビのネタ元は新聞や雑誌、Ｗｅｂであることがよくあります。例えば、ニュースの裏取りを厳格にしている新聞での報道は、情報の権威づけとなり、テレビ局にとっては番組の企画を考える際の信頼性の高い後ろ盾となります。ネタの要素をそれらのメディアから抽出し、映像として膨らませることで生活者がイメージしやすいように加工するわけです。したがって、テレビに取り上げられるためには、そのようなネタ元となる記事がある方が有利です。つまり、これらの記事を「初期トリガー」とすることで情報伝播を加速させるのです。

このように「まずネタ元（初期トリガー）をつくれ」は我々が常に心がけている基本です。

その一方で、Ｗｅｂ発の情報の場合は、発信元に関する真偽がつきづらいものが多いのですが、深夜番組の面白ネタなどに採用されることはあります。番組内でアシスタントディレクターがネタ探しにインターネット検索をしている映像をよく見かけますが、Ｗｅｂに「絵になりそうで、取材先もつくれそうな面白ネタ」を仕込んでおくのも1つの手だと言えるでしょう。

パブリシティ以外の情報ルートの活用も

目的によっては、マスメディア以外の情報ルートを活用する戦略もあります。生活者とのダイレクトな接触、映画や本といったマスメディアと異なるメディアを経由した情報発信、あるいは体験の創出によって生み出されるソーシャル・メディア上の広がりなど、そのいくつかを紹介していきたいと思います。

☒福島「スパリゾートハワイアンズ」震災復興活動

２０１１年3月11日、東日本大震災に見舞われ、福島県いわき市のレジャー施設、スパリゾートハワイアンズは創業以来初の営業休止を余儀なくされました。１９６６年に日本初のテーマパーク、常磐ハワイアンセンターとしてオープンし45年。「東北のハワイ」として親しまれ、年間１５０万人が訪れる人気施設でした。

この震災によって、地元従業員や取引先など、数千人の生活を抱えたまま営業休止し、断続的な余震が修繕工事の着手を遅らせ、営業再開のめども立たない状況になり、原発への不安は拡大を続け、福島県の評判は落ちていくばかりでした。

施設が営業できない今、何をすべきか。

その運営母体である常磐興産は、地域経済の中核を担う企業として、地元、とりわけ被災した方々を元気づけることが社会的責任であると捉えました。その結果、自らが被災者であることを悲観するのではなく、日本全国に笑顔と元気を届けることを考え、復興に向けてのメッセージを発信し続けるコミュニケーション活動を企画しました。それが唯一残されていた資産である「フラガール」28名を活用した全国キャラバンでした。

☒46年前の全国巡業を復活

スパリゾートハワイアンズの前身である常磐ハワイアンセンターには、以前にも大きな困難を乗り越えた歴史がありました。炭鉱の町として栄えたいわき市は、1960年代後半、エネルギーの主役が石炭から石油に移り、炭鉱も急激に衰退、閉山に追い込まれました。廃れゆく炭鉱町に復興案として浮上したのが一大レジャー施設建設計画で、炭鉱に湧出していた温泉を活用し、海外旅行自由化で憧れとなったハワイに着目して、日本初のテーマパークができたのです。

1966年1月、常磐ハワイアンセンターがオープンし、脈々と流れていた「一山一家」の精神、「山で働く者は皆家族である」という精神のもと、炭鉱の町の娘たちが家族や町を救うためにフラガールとなりました。このフラダンスが人気を呼び、施設は賑わい、町は危機から復興したのです。この成功の過程には、開業前年の初代フラガールたちによる、施設PRのために行った全国巡業があったのです。

我々は、震災によって施設が営業できない期間の活動として、フラガールの全国巡業を46年ぶりに復活させるプランを策定しました。かつて町と家族を救うために立ち上がった初代フラガールの精神にならい、現代のフラガールが震災復興を願って笑顔と元気を全国に届けるというものです。自ら被災者でありながら、地元いわき市、福島県、東北、そして日本全体を元気づけるための活動を「フラガール全国きずなキャラバン」と名づけました。

☒「フラガール全国きずなキャラバン」

「フラガール全国きずなキャラバン」は、2011年5月3日、いわき市内の避難所への慰問公演を皮切りに、福島県内や東北各県、首都圏の避難所、九州や中国地方の炭鉱ゆかりの地、同じく震災からの復興を遂げた神戸市など、訪問先は全国26都府県にも及び、韓国・ソウル市を含め125ヶ所、公演回数は247回に上りました。

こうして震災復興支援活動としてキャラバンを展開。慰問活動以外の一般向け公演先は、社会性、公共性を最重視して検討・選定し、フラガールへの出演料や義援金も一切辞退しました。各地でこのキャラバンの意味を説明することで、公演を見た人々におけるこの活動の理解度は高まり、語りを生むことに一役買ったと思います。まさに背景にあるストーリーがこの情報拡散と共感づくりをサポートしたと言えるでしょう。

☒映画や小説などの情報が重なり共感も倍増

こうして、46年ぶりの全国キャラバン発表以降、営業再開をピークに圧倒的なメディア報道を獲得しましたが、映画や書籍でもその背景にあるストーリーが伝えられ、キャラバン活動における意義の理解と促進を後押ししました。

福島というエリアの復興を、自身の復活と重ね合わせてアピールしていくフラガールの活動は、その全国キャラバンを追い続けたドキュメンタリー映画『がんばっぺフラガール！～フクシマに生きる。彼女たちのいま～』として全国公開され、また東京国際映画祭にも出品されることで海外にも紹介されました。

また、スパリゾートハワイアンズを取材中に実際に震災に遭遇したノンフィクションライターが、当時の体験と追加取材をもとに小説を執筆し、『フラガール3・11つながる絆』が発売されました。

映画や書籍などが、より情緒的な視点でこれらの情報を取り上げ、さらにそのストーリーへの共感を高めてくれたことは言うまでもないでしょう。

ニュートラルに情報接点を考える

☒環境活動によって若者を振り向かせる

PRによる情報接点を考えた時に、その情報拡散性という観点からいわゆるマスメディアでの露出、あるいはソーシャル・メディア内での口コミ促進などが、まずイメージされると思います。しかし、情報接触による具体的な成果、すなわち意識変化・態度変容などを考えた時に、果たして情報リーチの最大化のみを求めていいのかという問題が浮上します。目的によっては、その他の情報ルート、例えば生活者にダイレクトに接触するという手法を選択することもあります。

その良い事例として、トヨタ自動車のハイブリッドカー「アクア（＝AQUA）」が行った事例を紹介します。

ご存じのようにトヨタの初代ハイブリッドカー「プリウス」は、新車の月間販売台数において、国内トップの売れ行きを誇る人気車種でした。環境に良いエコカーという評価もありましたが、併せてハイブリッド車の特長である燃費の良さが人気の秘密でした。しかし、実際に「プリウス」を購入している生活者の多くは、これまで保有していた車の買い換え需要が目的で、自動車業界が共通で持つ課題、「若者の自動車離れ」を解決するまでには至っていませんでした。

そこで「プリウス」よりもさらに環境性能を高め、若年層でも買いやすい小型、低価格化した「アクア」で、この若年層への接触を図り、共感をつくり出す戦略を立てました。それが、2012年に行った「生活者」「社会」「企業」が共に地域の環境保護・保全活動を行う一般参加型の社会貢献プログラム「AQUA SOCIAL FES!!（アクア・

ソーシャル・フェス)」でした。

なぜ、環境活動だったのでしょうか。実は、調査によって、クルマそのものに興味のない若年層の関心領域として「環境活動への取り組み」が上位に入っていたのです。そこで「アクア＝よりよいクルマ社会をつくる、環境に優しいクルマ」という考え方をベースに、「環境に優しいプロダクトをつくる企業」「環境を良くする活動をしたい生活者」「地元の自然環境を良くしたい地域社会」が一体となって活動する場を創出したのです。彼らはこの活動を「共成長マーケティング」と呼び、関連するステークホルダーが共に成長する仕組みとして位置づけています。

このプロジェクトは、「アクア」の語源から地域の河川など「水」をテーマとする環境活動が選択され、NPOなどと連携し全国50ヶ所で展開されました。

ここで注目したいのは、若年層のターゲットの関心事に合わせて「共に環境活動をする存在」としての「アクア」への共感を、フェスというダイレクトな接触によって生み出していることです。直接接することで、話し、共に動き、仲間意識を生み出すということ。つまり、PRするといった時にパブリシティの獲得やリーチの最大化という固定概念にとらわれずに、どこでどんな形でその情報に接すると「人が動く」のかをニュートラルに考える時代に来ているのではないでしょうか。

☒国民意識を変えた、情報ルートの巧みな事例

海外の事例も見てみましょう。

2012年のカンヌライオンズ、PR部門でグランプリに選ばれたのが、プエルトリコの「The Most Popular Song」でした。国の財政をも担う国内最大の銀行バンコ・ポプラーレが行った同キャンペーンは、国民の怠惰な意識を変化させ、勤労称賛へと導きました。この課題の大きさや全国民を対象とした巧みな情報ルート設計が他のエントリーより秀でており、グランプリとなりました。PR部門における「いかに社会を動かしたか」という評価基準が大いに反映された結果だと思います。

プエルトリコは就業率が低く、国民の60％が生活保護を受けています。ある種、当たり前のようになっているこの状況を変えなければ、自行のみならず国家経済も危うくなるでしょう。そこで、この銀行が国民の意識改革に挑みました。

怠惰な生活を良しとする国民性を、いかに勤労な意識に変えていくか。相当なショッ

ク療法が必要に思えますが、なんと彼らは、プエルトリコの国民的な人気サルサバンド「エル・グラン・コンボ」のヒット曲「No Hago Más Na"（私は何もしない）」を180度転換した勤労称賛の歌詞に書き換え、再レコーディングし、リリースしたのです。プエルトリコでは誰でも知っている超有名バンドが、これまでと正反対のことを歌い出したのですから、きっと国民は意表を突かれたはずです。

この歌が繰り返しラジオから流れ、無料コンサートなども数多く開催されると、瞬く間に国民の心を捉えました。結果、これを仕掛けたバンコ・ポプラーレのイメージ・レピュテーションはなんと80％も向上したのです。

ここで押さえておきたいのは、「誰に語らせれば一番影響力があるのか」ということです。親が言っても、妻が言っても、子どもが言っても働こうとしない人物が、どうしたら耳を傾けてくれるのか考え抜いた末、そこに一番効き目のある情報伝達者を据え、国民的に人気の歌を様々な情報ルートで展開しました。誰しもが知っている存在だからこそ、その変貌ぶりについて話題にしやすく、注目を集めたのだと思います。

いろいろな生活者が語り合うきっかけをつくり出し、そこにこのようなシリアスな話題も乗せていく、でも、そうでなければ永遠に誰も国の経済危機に関しての会話など始めなかったかもしれない。そんなターゲットを見据えた上での巧みな情報ルート設計だったと言えるのではないでしょうか。

☒コア・ターゲットに情報を確実に届ける

情報を届けたい相手と効果的につながる情報ルートが何なのか、を極めて端的に導き出して成功したのが、南アフリカ共和国のハンバーガー・チェーンの取り組み、「Wimpy Braille Burger（ウィンピーの点字ハンバーガー）」です（カンヌライオンズ2012PR部門でゴールド受賞）。

人口5300万人の南アフリカには、視覚障害者が120万人もいます。ハンバーガー・チェーンの「Wimpy」には、2002年から視覚障害者向けの点字メニューが全店に用意されていましたが、その事実はあまり知られていませんでした。Wimpyではこの情報をその120万人にしっかりと伝えたいと考えたものの、通常の情報発信をしても、視覚障害者の方に、その情報を確実に届けるのは難しいと考え、ダイレクトな情報接触を試みることにしました。

南アフリカには、大きく3つの視覚障害者支援団体が存在します。ここには日常生活における様々な支援情報を提供するための「メール読み上げソフト」でつなぐネットワークがあるのです。

そこでWimpyは、このネットワークにニュースとして載せてもらえるようなユニークな情報アプローチを考え出しました。それが、ハンバーガーのバンズの上にゴマを用いて視覚障害者向けのメッセージを点字で入れるというものです。「あなたのためにつくった100%ビーフのハンバーガーです」という点字メッセージを施したハンバーガーをつくり、視覚障害者の方々に食べてもらうことを試みました。この提案に支援団体も歓迎の意を表し、その様子を記録した動画をYouTubeにアップすると、一般生活者も数多く視聴しました。

バンズの上にゴマを1粒ずつピンセットでつまんでトッピングしていく様子や、点字をなぞり、メッセージを受け取った視覚障害者たちの顔に思わず笑みが浮かぶ様子などが非常に感動的な映像となっていました。たった15個のハンバーガーしかつくられませんでしたが、これによってWimpyには視覚障害者の方々を受け入れる姿勢があるのだということを伝えられたわけです。各支援団体も視覚障害者向けの「メール

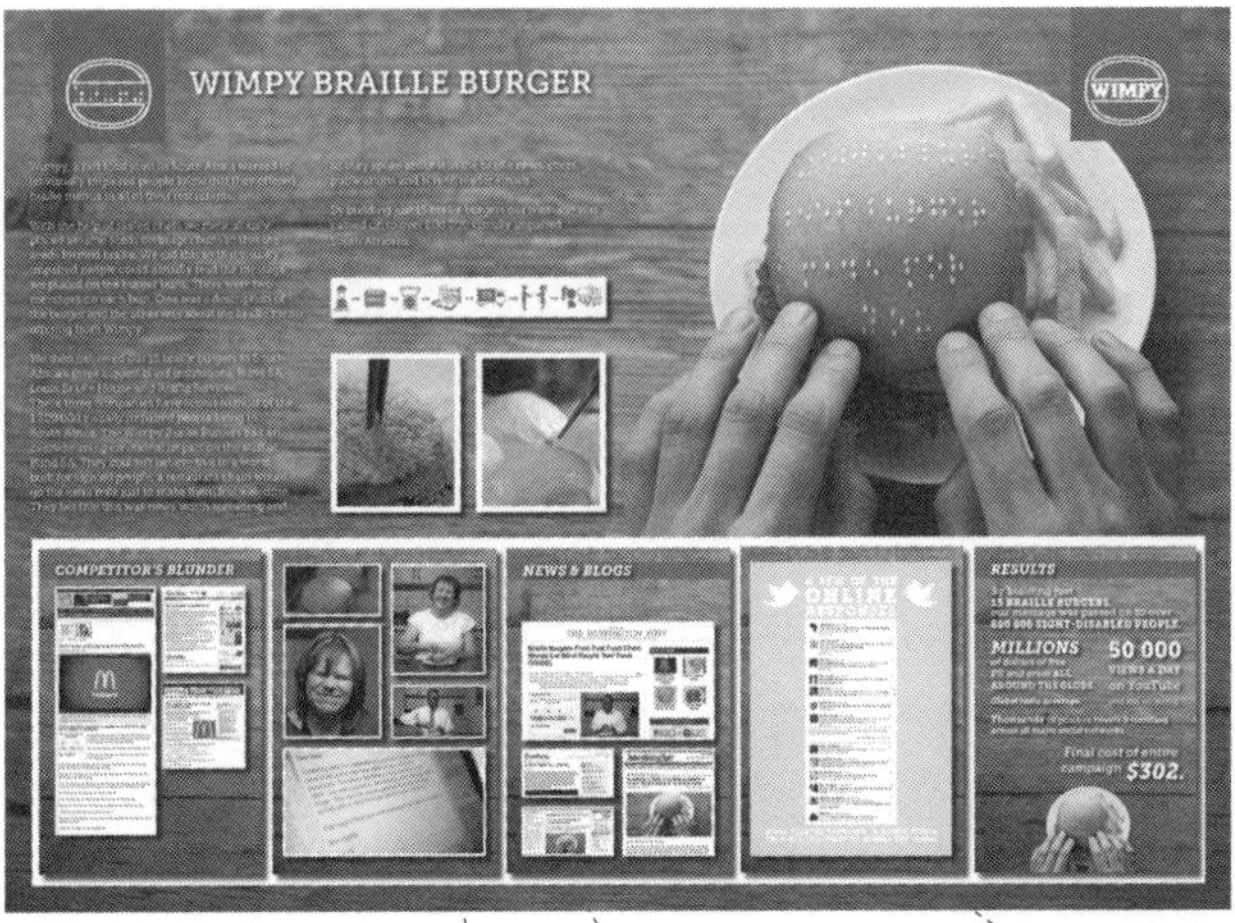

カンヌライオンズ 2012 にエントリーされた「Wimpy Braille Burger」のプレゼンテーションボード。

この笑顔が一般生活者の共感も呼ぶ。

読み上げソフト」でこれを紹介。120万人の約2／3に当たる80万人の視覚障害者に情報が行き渡ったそうです。

リーチ数の獲得ばかりを考えると、ついついマスメディアに頼った案に偏りがちですが、よりニュートラルに、さらに効果的な情報ルートがないのか、常に考えることが大切です。

6

明日をつくる「戦略ＰＲ」

戦略PRの5つの視点

それでは最後に、改めて「戦略PR」の本質と実践のための5つの視点をまとめてみましょう。

❶ストーリーテリングの連鎖の創出
❷ニュートラルな視点でコミュニケーション手法を構築
❸川上設計で広告とPRを連動
❹コーポレート&マーケティング・コミュニケーションの融合
❺中長期のパートナーシップ

この5つの視点はPR会社のみが押さえておけばよいというものではありません。クライアントや広告会社、クリエイターなど、企業のコミュニケーションに携わる全ての人が理解し、これらの視点を持つことで初めて、生活者の意識変化・態度変容・エンゲージメント（共感の構築・強化）を実現することができると私は思っています。
それでは1つずつ解説していきましょう。

❶ストーリーテリングの連鎖の創出

ＰＲにおいて、イメージのみで情報発信することは不可能と考えるべきでしょう。生活者にとってベネフィットを感じるファクトがなければ情報発信をしても生活者の心に響かないのです。いつも面白いファクトがあるとは限りませんが、どんなファクトでも、視点を変えていけば生活者におけるベネフィットが見つかるはずです。その視点として、先に紹介したのが、「PR IMPAKT®」やリポジショニングＰＲでした。このようにファクトに付加価値をつけたもの、それが「コンテンツ」です。

さらに、その「コンテンツ」を生活者において納得感の高いものにするにはどうすればいいのでしょうか？　それには、生活者を取り巻く社会背景や生活環境などのコンテクスト（文脈）を「コンテンツ」に組み合わせることです。そうすることによって生まれる「ストーリー」は生活者の「自分ゴト化」を引き起こし、その企業や製品へのエンゲージメントを生み出すのです。このような「自分ゴト化」を引き起こす「ストーリー」の発信を「ストーリーテリング」と呼びます。「ストーリー」に触れた生活者は一体どのような「意識変化」や「態度変容」を起こすのでしょうか?

生活者は元々「ストーリー」を求めています。彼らは誰かと会話するきっかけを常に探しているのです。さらにソーシャル・メディア等の台頭により、今や生活者誰もが「ストーリーテラー」となりました。生活者が自分が共感する「ストーリー」に出会った時、彼らはそれをシェアしたいと思い、ここで新たな生活者間の「ストーリーテリング」が始まるのです。この生活者間の「ストーリーテリング」は非常に強力で、これが連鎖することによって、ブームが生まれます。したがって企業は、この生活者間の「ストーリーテリング」を生むような戦略的な「ストーリー」づくりを心がけるべきでしょう。

❷ニュートラルな視点でコミュニケーション手法を構築

「ストーリー」を生活者に効果的に伝えるには、その都度、コミュニケーション手法（広告、PR、ソーシャル・メディア、自社サイト等、またはそれらの統合施策）の構築が必要です。同じ製品でも伝える「ストーリー」が異なれば、当然そのコミュニケーション手法も異なるのです。またそれぞれの手法の中でも、目的によって戦術をニュートラルな視点で組み替えていかねばなりません。当然、戦術を選ぶ時も同様で、例えば、メディアリレーションズという戦術を取るのであれば、ターゲットメディアについても、大手新聞社なのか、業界紙なのかなど、その知名度や規模で判断するのではなく、目的に合わせて選ぶべきなのです。それにはもちろん、メディア特性を理解したり、めまぐるしく変化する情報流通構造を把握しておくことが欠かせません。

ターゲット設計についても同じことが言えます。その製品の最終購買者（コア・ターゲット）に情報を届けることはもちろん重要ですが、この層だけにとらわれることなく、その周辺に存在する、コア・ターゲットを実際の購買に導く影響力保有者（戦略ターゲット）に対しても共感を生むような「ストーリー」を並行して考えるべきなのです。

このように、手法もターゲットもその目的に立ち返って、ニュートラルに考えることが必要です。

ですから、「PRしてほしい」と言われた時には、その固定概念からパブリシティを獲得することだけを考えるのがその答えではなく、広告やイベント、出版など、その他のコミュニケーション施策を広く、ニュートラルな視点で考え、選択していくことが重要です。このように全てのコミュニケーション施策を俯瞰して、手法や戦術、ターゲット選択の最適化を図るのが「戦略PR」の本質なのです。

❸川上設計で広告とPRを連動

戦略PRのプランニングで、特にキャンペーン設計の鍵となる広告クリエイティブとPRの連動は欠かせません。クリエイティブ・ディレクターやチーフ・マーケティング・プランナーとの情報共有をキックオフの時にできているか否かで、最終的な成果にかなりの偏りが出ると思います。

ここで重要なのは、キャンペーンにおける各種施策の「コンテンツの連動」と「タイミングの連動」です。これを実践したのが2011年に展開された江崎グリコの「アイスの実」キャンペーンです。

このキャンペーンでは、アイドルグループAKB48の新メンバーがCGでつくられ、「センターにいきなりの新人か?」などの大きな話題を呼びました。実は主要メンバーの顔パーツを組み合わせた架空のメンバーだった、というのがオチなのですが、その憶測が憶測を呼ぶ情報拡散にはすさまじいものがありました。

聞くところによると、テレビCMやグラフィック広告といった「純広告素材」よりもパブリシティや口コミで活用されることを想定した「PR用素材」の方を何倍も多く用意していたとのこと。これらの素材を役割分担して活用し、あるいは共有して展開していくことで、話題を増幅するということが「コンテンツ連動」です。

また、キャンペーンの始まりから終わりまで、非常に緻密な情報戦略が練られており「どこでPRネタを露出させ、どこの広告でヒントを与え」といった「タイミング連動」も図られました。これにより、長期にわたってこの謎解きは話題化し、ファンのみならず、メディアを含めたたくさんの人が関心を持ってその展開を見守ったはずです。

これはコンテンツや露出のタイミングを広告とPRが完全連携してこそ果たし得たものだと思います。クリエイティブ・チームからすれば、そこにある石ころみたいなコンテンツでも、PR視点で見れば実は非常にメディアに刺さる可能性もありますし、逆にクリエイティブ・チームが「絶対にイケる！」と思うコンテンツが、そのタイミングではメディアが扱いづらい場合もあるでしょう。しかし、川上からタッグを組めれば、こうした「コンテンツ連動」「タイミング連動」の設計も戦略的に行うことができるはずです。

❹コーポレート＆マーケティング・コミュニケーションの融合

カンヌの事例を見ていると、それが製品やサービス訴求をしているにもかかわらず、必ず企業としての姿勢やメッセージなどを至る所に感じます。情報発信側は、むしろ意図的に、強く意識してやっていると思うのです。すなわち、製品のポジショニングにおける差別化のみならず、企業ブランドを同時に伝え、これを生活者あるいは社会の価値として提示し、共感を得ていくことでマーケティングに反映させていこうとする動き。ここへの取り組みの違いが、日本と海外でのＰＲの在り方にも影響を及ぼしているのではないでしょうか。

常に言われることではありますが、製品やサービスを訴求するマーケティング・コミュニケーションと、コーポレート・コミュニケーションはいつでも連動されるべきなのです。

その点、実に感心するのがコカ・コーラの取り組みです。コカ・コーラはカンヌでも受賞者リストの常連ですが、２００９年より「Open Happiness（ハッピーをあけよう。）」をキャンペーン・メッセージに据えています。そのプロセスでよく使われたのが「Share（シェア）」という言葉。「ちょっとした幸せを共有しよう」というコンセプトで様々なコミュニケーションが世界中で展開されています。

カンヌライオンズ２０１２には、複数の国からコカ・コーラのキャンペーンがエントリーされていましたが、いずれもその「シェア」というコンセプトを具現化しているると感じました。エントリーする国やエージェンシーが異なったとしても、根本の部分を共有していて、あたかも１本の大きなキャンペーンに見えてきます。どの施策に触れてもコカ・コーラの企業としての姿勢やメッセージが一目瞭然で、しかもそれを

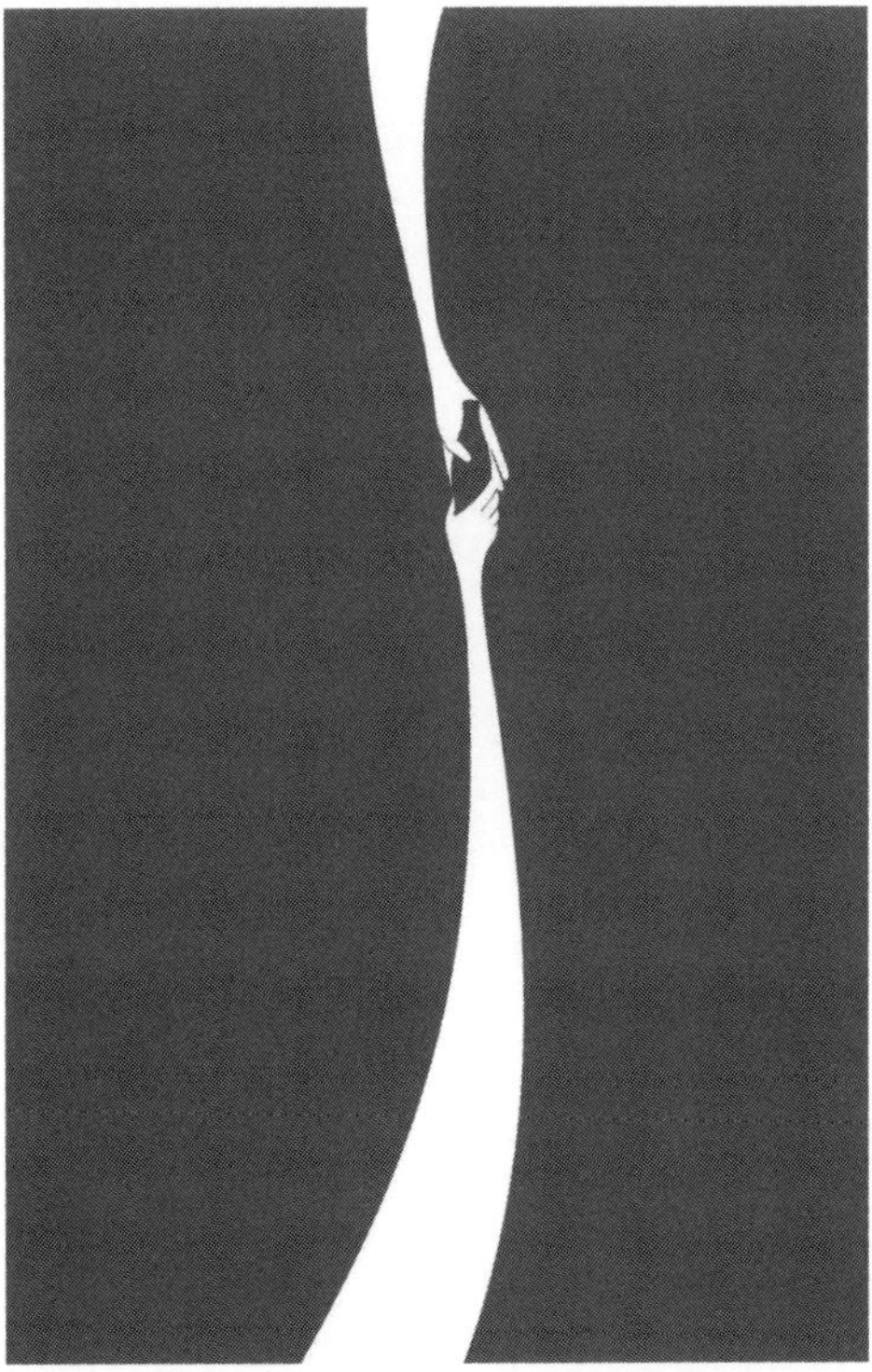

カンヌライオンズ 2012 アウトドア部門でグランプリを受賞したコカ・コーラのポスター。「シェア」というコンセプトが非常にわかりやすく表現されている。

全世界的に継続しているのはすごいことだと思います。

このようなコーポレート・コミュニケーションとマーケティング・コミュニケーションの融合を図るには、ＰＲパーソンが経営のすぐ横にいるべきなのです。企業ブランドやレピュテーションを常に意識しながら、全てのコミュニケーション戦略を設計する「企業の情報参謀」「メッセージ立案の情報コンサルタント」であることが重要です。

❺中長期のパートナーシップ

前項でコーポレート・コミュニケーションとマーケティング・コミュニケーションの融合についてお話ししましたが、それを実現するにはＰＲ会社とクライアントにおける中長期のパートナーシップが重要になります。マーケティング・コミュニケーションはプロジェクトごとの契約でも対応できますが、コーポレート・コミュニケーションはその企業ブランドを深く理解し、様々なコミュニケーション活動を一元化することでこそ、効果的に実現できるのです。

今後望まれるのがコーポレート・コミュニケーションとマーケティング・コミュニ

ケーションの融合だとすれば、当然のことながらマーケティング・コミュニケーションにおいても長期的な戦略に基づいた取り組みが重要となるのではないでしょうか。

欧米のPR業界では、1つのクライアントの仕事をどれだけ長く継続して担当しているかが信頼の証とも言われています。信頼できるPR会社と中長期でパートナーシップを組み、自社の価値を共有してこそ、より効果的なPRキャンペーンが実現できるのではないでしょうか。

PRが目指す新しい領域

☒PR会社もクリエイティビティを追求

PRの今後を考える時に、カンヌライオンズで各国の審査員と話していた内容を思い出します。

これまでカンヌではPR部門のグランプリを広告会社が獲得することが多かったの

ですが、2012年もまた受賞したのは広告会社でした。「なぜだろう？」と、ここで審査員たちの議論が再燃しました。「いわゆる本質的なPRはどうしても地味に見える」「エントリー時に提出するプレゼンテーション・アイテムで、広告会社にテクニック的に見劣りしているのでは？」など。もちろん、「そもそもPRというのはそんなに派手にアピールできるものではなく、その裏側にある複雑さこそがPRの特徴で、それをカンヌ形式で説明しきれるかというと難しい」という議論は、海外の大手PR会社のトップが常に言っていることではあります。しかしながら、広告会社にPR部門のグランプリを奪われたことは審査員たちにとってショックでした。

この苦悩を知るのに、過去の審査委員長を務めた米国大手PR会社の2人の幹部の見解を紹介しましょう。2011年のPR部門の審査委員長であったフライシュマン・ヒラードのCEO、デイブ・セネイ氏と、2012年審査委員長のウェーバー・シャンドウィックのバイス・チェア（現プレジデント）、ゲイル・ハイマン氏が、それぞれ違う立場ながら、興味深い意見を述べています。（※以下は米『PR WEEK』誌2012年8月1日号：The Cannes conundrum by Steve Barrett の記事から翻訳・抜粋）

デイブは2011年から、カンヌライオンズの名称に「クリエイティビティ」というワードが加わったことが、PR業界にとって不利に働いているという見解を持っているようです。彼は「クリエイティビティ」という言葉が前面に立ったことで、これまでPRで良しとされてきた長期にわたる関係に基づく、戦略的で効果的なキャンペーンより、むしろ大規模で大胆で、エッジの効いたアイデアが重視される傾向が強まったとしています。

一方、IR活動などの場合では、その表現がクリエイティブすぎると誤解を招き、場合によっては法に触れ、「刑務所に送られる結果になる」とも述べ、カンヌが重要なアワードであることを認めつつも、すべてのPRを評価できるバロメーターではないという立場を取っています。

他方、ゲイルは「カンヌがPRの境界線を広げた（PRの定義を広げた）」と話し、「今年も、PR会社がグランプリを獲れなかったのは残念だが、今後改善すれば獲れる」とも語っています。彼女いわく、「seduction（セダクション／誘惑）はパワフルな力を持っており、広告業界の人々はカンヌにおいてこのセダクションの要素をうまく使ってきた。PR業界の人々もカンヌで受賞したいと思うのであれば『誘惑のしかた』を

学ぶべきである」と述べています。（※以上、米国コピーライト・クリアランス・センターより引用許諾）

これはまじめ一辺倒なＰＲ業務というだけでなく、生活者を魅惑するような仕組みづくりが必要ということでしょう。

折しもＰＲでは、社会啓発系キャンペーンが非常に高く評価されましたが、その中でも生活者がユニークなアイデアによって情報に接し、深い関心を持ち、理解し、またそれを口コミしていくような事例がいくつもありました。そのようなちょっとしたところにセダクションの要素が取り入れられていれば、誰しも受賞のチャンスがある、ということなのだと思います。

このような経緯を経て、ＰＲ審査員の中で囁かれ始めたのが「ペイド・メディアも含めて、ＰＲ領域におけるクリエイティビティが重要になってくるのではないか？」というものでした。つまり、「ＰＲはこういうもの」と頑なに主張するのではなく、自分たちからＰＲの境界、定義をもっと広げて「クリエイティブ」の領域にも進出すべきステージに来ているのではないかという意見です。

ＰＲの主戦法としてはご存じの通り、アーンド・メディアの活用、さらにコンテンツ設計によるシェアード・メディア（ソーシャル・メディア）での話題拡散などがありますが、「ここぞ」という時のリーチではやはり広告が強いことも否めません。そこで、キャンペーン全体を貫く、「ＰＲ視点によるクリエイティビティ」があってもいいのではないかという投げかけが各人から出てきたのです。

実際に、欧米の大手ＰＲ会社では、その多くが既に社内にクリエイティブ専門部署を持っています。日本でも、情報戦略のコンサルティングだけでなく、クリエイティブ表現について提案していくなど少し領域を広げていってもいいのではないでしょうか。またこの意味で言うと、広告とＰＲの連動を目指す「戦略ＰＲ」は、欧米のＰＲ会社が進んでいる方向と同じ理想を目指しているると言えるのかもしれません。

ここまで「戦略ＰＲ」の解説をしてきましたが、ＰＲにおけるクリエイティビティも含め、今後、ＰＲの領域がますます拡大していくことは明白でしょう。あるいは、ＰＲの定義が拡大解釈され、様々な領域を取り込んでいくという動きが加速するかもしれません。ここで紹介した「戦略ＰＲ」もすぐに多くの企業で当たり前のように実行されることになると思いますが、その頃また、日本のそして世界の新たなＰＲの潮流をご紹介できることを楽しみに、ここに筆をおくことといたします。

おわりに

自分が本を書くなど想像したこともありませんでしたが、書き上げてみればあっという間という印象です。しかし実際には周囲の方々の協力を得て、めまぐるしく編集作業が進んだというのが本当のところ。その凝縮された時間は、これまで20年以上にわたって従事してきたPRという仕事を自分としてどう捉えているのか、を再考・再認識する良いきっかけとなりました。

本書では、電通パブリックリレーションズがかかわってきた様々な仕事をご紹介させていただきましたが、この事例紹介をご快諾いただきましたクライアントには心から感謝したいと思います。また、私個人として非常に面白く、PRとしての成果を感じた事例をいくつかピックアップし勝手な解説、感想を加えさせていただきましたが、ご容赦ください。

書籍執筆のきっかけは、カンヌライオンズ２０１２の審査員を務めたことです。数年前に日本でＰＲのアワードをいただき、それがうれしくてまた良い仕事をしようと頑張り、今度は海外のアワードをいただき、海外アワードの審査員にも招聘していただきました。そして、世界の、より広範な事例を学ぶことでさらに自身の世界が広がるといった好循環を体感しつつも、やはり思うのは「いま眼前にある仕事に真摯に向き合うことが大切」ということです。そこに自然と結果はついてくる、と強く感じました。

ＰＲは決して難しいものではありません。誰もが取り組むことができ、またその経験を重ねることによってスキルもブラッシュアップされていきます。敬遠することなく、ぜひどんどんこの世界に踏み込んできていただきたいと思います。本書では、「戦略ＰＲ」を紐解きながら、そのエッセンスについて書いてみたつもりですが、いかがでしたでしょうか。

本書がみなさんのＰＲに対する関心を高め、また理解を促す一助になれれば幸いです。

またこの場を借りて、本書執筆の機会を与え、サポートしてくれた電通パブリックリレーションズの仲間たち、カンヌライオンズやスパイクス・アジアなど海外アワードの受賞作の捉え方でその知見をお借りした尾花清佳様、出版までの道筋をつないでいただいた眞人堂の玉置浩一様、本書をご一読いただき帯へのコメントをいただいたスターバックス コーヒージャパン 株式会社の広報部長 足立紀生様、株式会社ジェイ・キャスト取締役社長兼 Ｊ－ＣＡＳＴニュース編集長大森千明様、ＬＩＮＥ株式会社執行役員広告事業グループ長 田端信太郎様、株式会社イグナイト代表取締役 笠松良彦様に厚く御礼申し上げます。

２０１３年６月　井口 理

Change Minds,

Change Behaviors

by PR!

■著者プロフィール
井口　理（いのくち・ただし）
株式会社電通パブリックリレーションズ
PR プランナー

1990 年、株式会社電通 PR センター（現株式会社電通パブリックリレーションズ）入社。コミュニケーションデザインを手がけるチーフ PR プランナー。PR コンテンツ創出を起点とした戦略 PR の事例多数。

受賞歴に、Asia Pacific PR Award、日本 PR 協会「PR アワード グランプリ」、国際 PR 協会「ゴールデンワールドアワーズ」、Asia Pacific SABRE Award 等。

実務のみならず、大学やトレードショー、PR 協会での講義による若手育成にも従事。共著に PR 実務書の「戦略広報」。

「Cannes Lions 2012」「Spikes Asia 2012」PR 部門審査員。

編集・国内コーディネーション
伊澤 佑美（株式会社電通パブリックリレーションズ）

編集・海外渉外　高木 京子（株式会社電通パブリックリレーションズ）

DTP・本文デザイン　広瀬 恵巳（株式会社グースアド）

イラスト　柏原 真子（株式会社グースアド）

ブックデザイン　藤田 知子（HEMP）

戦略《せんりゃく》PRの本質《ほんしつ》

実践《じっせん》のための5つの視点《してん》

2013年6月30日 第1刷発行
2014年6月30日 第2刷発行

著　者　　株式会社電通パブリックリレーションズ
PRプランナー　井口 理

発行者　　桐原 永叔

発行所　　眞人堂 株式会社
〒160-0022 東京都新宿区新宿 1-13-12
FIRST ビル　5A
電話 03-5367-0657

編集協力　　株式会社朝日新聞出版

発　売　　株式会社朝日新聞出版
〒104-8011 東京都中央区築地 5-3-2
電話 03-5540-7793（販売）

印刷・製本　　中央精版印刷株式会社

©2013 Dentsu Public Relations Inc. Printed in Japan
ISBN978-4-02-100223-6
無断転載禁止　定価はカバーに表示してあります。

落丁・乱丁の場合は朝日新聞出版業務部（電話 03-5540-7800）へご連絡ください。
送料弊社負担にてお取り替えいたします。